本書係「敦煌文獻系統性保護整理出版工程」項目成果

二〇二一—二〇三五年國家古籍工作規劃重點出版項目

「十四五」國家重點出版物出版規劃項目

國家古籍整理出版專項經費資助項目

法國國家圖書館藏敦煌文獻

榮新江　主編

第一冊

P.2001～P.2009

上海古籍出版社

MANUSCRITS DE DUNHUANG CONSERVÉS À LA BIBLIOTHÈQUE NATIONALE DE FRANCE

001

P.2001 ~ P.2009

Directeur

RONG Xinjiang

Les Éditions des Classiques Chinois, Shanghai

DUNHUANG MANUSCRIPTS IN THE BIBLIOTHÈQUE NATIONALE DE FRANCE

001

P.2001 ~ P.2009

Editor in Chief

RONG Xinjiang

Shanghai Chinese Classics Publishing House

主　編　榮新江

編　纂　史　睿　何亦凡　范晶晶　付　馬　沈　琛　包曉悦
嚴世偉　宛　盈　郝雪麗　李韞卓　徐偉喆
府憲展　胡文波　曾曉紅

責任編輯　盛　潔

美術編輯　嚴克勤　王楠瑩

前言

榮新江

敦煌文獻系統性保護整理出版工程，是全國古籍整理出版規劃領導小組主持，中國學術界、文化界、出版界共同推進實施的一項重大文化工程。《敦煌文獻全集》作爲其中的重點項目，旨在以高清全彩方式高水平集成刊布、高質量系統整理散藏世界各地的敦煌文獻。

本書爲《敦煌文獻全集》之一種，是法國國家圖書館（Bibliothèque nationale de France）藏敦煌文獻的高清彩色圖録，從某種意義上講是上海古籍出版社一九九二—二〇〇五年出版的《法藏敦煌西域文獻》（簡稱《法藏》）三十四册黑白圖録的提升版，也是該項工作的繼續。《法藏》前面，有時任上海古籍出版社社長魏同賢先生撰《敦煌吐魯番文獻集成策劃弁言》，法國國家圖書館館長芳若望（Jean Favier）先生撰《前言》，法圖抄本部東方分部部長郭恩（Monique Cohen）夫人撰《序言》，以及時任上海古籍出版社副社長兼副總編李偉國先生撰《導言》。這幾篇文章，特别是《導言》，對《法藏》的編撰緣起、收録範圍、法藏敦煌文獻價值、編撰原則和方法等等，都做了詳細的闡述。作爲《法藏》工作的繼續，除非必要，前面諸文已經敘述的内容本文不再重複，而重點在於交代本書所做的工作。

若以成千上萬個編號來計量敦煌收集品的多少，那依據獲取的先後，排在前四位的無疑是英國國家圖書館、法國國家圖書館、中國國家圖書館和俄羅斯科學院東方文獻研究所。而以綜合的學術價值的占比來衡量收集品的質量，那四家中數量最少的法藏文獻應當排名第一。造成這一結果的原因，無疑是法藏敦煌文獻的攫取者伯希和（Paul Pelliot）比他的先行者英國斯坦因（Marc Aurel Stein）精通漢語，而又比中國清政府的官員和俄國奧登堡（Sergei F. Oldenburg）院士捷足先登。

一九〇八年二月，伯希和來到敦煌莫高窟，進入藏經洞進行翻檢。他知道不能將其中所存全部帶走，於是定立了三個選擇標準，即佛教大藏經未收的藏外佛典、帶有紀年的寫本、非漢語的文書，這其中還包括最大限量的非佛教的四部典籍、公私文書、景教和摩尼教文獻、早期拓本和印本，以及各種質地的繪畫品。他後來知曉北京獲得的《摩尼教殘經》（宇五六號，新編 BD00256 號）的重要性，爲自己未能攫取此卷而懊悔，可見其當時揀選之細。

伯希和在二至五月逗留敦煌期間，就把藏經洞的發現以及所獲的一批精品寫成報告寄往巴黎，隨即以「甘肅發現的中世紀書庫」爲名，發表在《法國遠東學院院刊》第八卷上[①]，標注是一九〇八年出版，可能實際刊行時間略晚。一九〇九年九月，伯希和携帶一批敦煌發現的珍本秘笈來到北京，羅振玉等人得以有機會抄録、校勘、研究，其中羅振玉《敦煌石室遺書》、蔣斧《沙州文録》、王仁俊《敦煌石室真蹟録》等，成爲敦煌學第一批集中發表的專著。

伯希和敦煌西域所獲文獻資料入藏法國國家圖書館後，其中敦煌文獻大致按語言分成幾個「文庫」（Fonds），包括伯希和藏文文庫，編號爲 Pelliot tibétain 或 P.t.1–2225, 3500–4451；伯希和漢文文庫，編號爲 Pelliot chinois 或 P.2001–6040，其中 P.4108–4499, 5044–5521 預留給其他語言寫卷而未用，成爲空號；伯希和粟特文文庫，編號爲

① P. Pelliot, "Une bibliothèque médiévale retrouvée au Kan-sou", *Bulletin de l'École française d'Extrême-Orient*, VIII.3-4, 1908, pp. 501-529.

Pelliot sogdien 1–30；伯希和回鶻文文庫，編號爲 Pelliot ouïgour 1–16；伯希和梵語文庫，編號爲 Pelliot sanscrit 1–13；希伯來文只有一件，編爲 Pelliot hébreu 1。于闐文寫本没有單獨編號，而是按照其另一面所寫的漢文或藏文而編入漢文或藏文文庫。在不同編號的寫本中，因爲正背面的語言文字往往不同，所以在各個文庫中也有其他語言文字寫本，而在不同文庫的編目整理過程中，有的寫本會從一個文庫移到另一個文庫，造成有的同一寫本有不同的兩個編號。此外，在法圖對敦煌文獻的整理修復過程中，把黏貼在寫卷背面的一些裱補殘紙揭下，在本號之下又形成 bis 和若干 pièce 分號。有些不同編號的寫本在修復過程中已經綴合。本書所收爲伯希和漢文、粟特文、回鶻文、梵文諸文庫，其中也包括編入漢文文庫的于闐文、藏文等其他文字材料，但藏文文庫數量較多，本書不予收録。上海古籍出版社曾出版黑白版《法國國家圖書館藏敦煌藏文文獻》（三十五册，二〇〇七—二〇二一年），這部分的彩色高清版將另行出版。至於原本《法藏》計劃中的西域文獻（主要是伯希和和探險隊庫車所獲漢語、龜茲語、梵語文獻）、莫高窟北區出土文獻，也不在本書收録的範圍之内，後者的西夏文部分，上海古籍出版社也出版過黑白版《法國國家圖書館藏敦煌西夏文文獻》（一册，二〇〇七年）。

本書涉及最多的法藏敦煌漢文文獻，最早由伯希和本人進行編目，他完成了 P.2001–3511 號的初稿，没有正式發表，陸翔據抄本譯出，名爲《巴黎圖書館敦煌寫本目録》，一九三三—一九三四年連載於《國立北平圖書館館刊》第七卷第六期和第八卷第一期上。以後一九三二—一九三三年留學巴黎的日本學者那波利貞繼續編目工作，而貢獻最大的要數一九三四—一九三九年作爲交换館員在法國國家圖書館工作的中國學者王重民，他編纂了 P.2001–5579 號中的所有寫本目録，兼有提要，其成果除留存法圖外，還以卡片形式帶回中國，後以《伯希和劫經録》的名稱，收入一九六二年商務印書館編印的《敦煌遺書總目索引》中。一九八六年臺北新文豐出版公司出版黄永武編《敦煌遺書最新目録》，二〇〇〇年北京中華書局出版施萍婷編《敦煌遺書總目索引新編》，對王重民目録有所訂補。

更爲重要的法藏文獻編目工作，是第二次世界大戰以後，在戴密微（Paul Demiéville）教授的推動下，法國科研中心成立敦煌研究小組，專門從事敦煌文獻編目工作。一九七〇年法國國家圖書館出版謝和耐（Jacques Gernet）和吴其昱主編的《法國國家圖書館藏伯希和漢文文庫：敦煌漢文寫本目録》第一卷①，收P.2001–2500號。此後，分别在一九八三、一九九一、一九九五年出版蘇遠鳴（Michel Soymié）主編的第三、四、五卷，收録P.3001–3500, P.3501–4000, P.4001–6040號目録，其中第五卷分爲兩册②；二〇〇一年最後出版王薇（Françoise Wang-Toutain）編第六卷，專收藏文文庫中的漢文寫本目録③。每號寫本目録包括定名、題記、參考文獻、物質性描述以及專名索引和主題分類索引。只可惜因爲某些原因，第二卷（P.2501–3000號）迄今没有以紙質形式出版，但二〇〇六年隨着國際敦煌項目（IDP）上傳圖片時，將每號目録隨圖發表。這部目録著録詳細，體例完備，對於我們編纂本書，參考價值極高。

民族語言部分，貝利（Harold W. Bailey）、恩默瑞克（Ronald E. Emmerick）、熊本裕、段晴等對于闐語文獻，邦旺尼斯特（Émile Benveniste）、恒寧（Walter B. Henning）、麥肯吉（David N. MacKenzie）、辛維廉（Nicholas Sims-Williams）、吉田豊對粟特語文獻，哈密頓（James Hamilton）、茨默（Peter Zieme）等對回鶻語文獻的轉寫、翻譯和整理研究，都爲我們今天的定名和刊布工作奠定了堅實的基礎。

除了編目外，一百多年來法藏敦煌文獻的研究也有豐碩的成果。一九七〇年代末縮微膠卷的公布，一九八〇年代《敦

① *Catalogue des manuscrits chinois de Touen-houang. Fonds Pelliot chinois de la Bibliothèque nationale*, I, eds. J. Gernet et Wu Chiyu, Paris: Bibliothèque nationale, 1970.

② *Catalogue des manuscrits chinois de Touen-houang. Fonds Pelliot chinois de la Bibliothèque nationale*, III, IV, V, ed., M. Soymié, Paris: Fondation Singer-Polignac et École française d'Extrême-Orient, 1983, 1991, 1995.

③ *Catalogue des manuscrits chinois de Touen-houang*, VI: *Fragments chinois du Fonds Pelliot tibétain de la Bibliothèque nationale de France,* ed., F. Wang-Toutain, Paris: École française d'Extrême-Orient, 2001.

煌寶藏》的影印本，特別是一九九〇年代《法藏敦煌西域文獻》較爲清晰的黑白圖版的出版，給研究者不斷提供更好的素材，極大地推動了法藏敦煌文獻的整理與研究，不論是佛教典籍、道教佚書、四部文獻，還是公私文書、絹紙繪畫，都有分類整理著作，這些著作有着相當雄厚的積累，讓我們在定名中得以充分利用。

然而，也不得不說，這些研究成果大部分依據的是縮微膠卷或黑白圖版，有些朱筆的校正點記和文字往往無法釋讀，有些淡朱筆所寫的文字更是無法全録，多少不等地影響了此前録文本的質量和研究論著的結論。從二〇〇八年開始，國際敦煌項目（IDP）網站和法國國家圖書館網站Gallica陸續發布法藏敦煌文獻的彩色圖片，但定名係取自法文《敦煌漢文寫本目録》，許多編號没有漢語定名，有些圖片也没有達到最爲清晰的程度。我們也注意到，法藏敦煌文獻中一些比較難以解讀的文本，迄今没有人做過透徹的研究；所有文獻也没有在新的研究基礎上用漢語給予統一的定名。

爲此，我們決定重新整理出版高清彩色版《法國國家圖書館藏敦煌文獻》。

在《法藏敦煌西域文獻》的《導言》中，李偉國先生曾概要介紹他們編輯時的願景：向研究者原原本本地提供準確、逼真的圖版，要保證圖版的完整，不遺漏任何內容；保持圖版的原貌，清晰可讀；要給每份卷子準確定題，並保持前後統一的體例；最後編寫學術性的附録。這些仍然是我們今天工作的努力方向，而我們所要提供的，是更加高清、逼真的彩色圖版，質量更在網絡版之上。

高清彩色圖版無疑會極大地推動敦煌文獻的研究，過去看不到的朱點、朱筆文字、朱印現在都可以見到，使原本校正的文字得以呈現，讓原本是帶有朱印的官文書得以定讞。特別是在寫本學、書籍史方興未艾的情形下，彩色圖片將會對敦煌寫本的物理形態的研究，提供可靠的圖像依據，推進寫本、書籍史等學科的發展。

藉助彩色高清圖版，我們可以對前人研究成果加以評判，對前人較少措意的寫本進行新的探討，在充分吸收前人研究成果的同時，利用古籍整理和出土文獻整理的規範，對典籍、公私文書、圖像及其他材料，給予統一的定名。對於民族語言文獻，也按照其本身的文本邏輯和漢文文獻的定名規則，給予邏輯相同的定名。由於圖録的體例限制，我們在圖版下面只列示確定的標題。爲了説明我們的定題依據，我們將另行編撰《法國國家圖書館藏敦煌文獻解題目録》，提示寫本最基本的殘存狀態和首尾題情况，並給出定題的文獻和研究依據。

我們希望，《法國國家圖書館藏敦煌文獻》將掀開敦煌文獻研究新的一頁，讓敦煌學研究者譜寫出更多新的篇章。

二〇二三年五月八日

INTRODUCTION

RONG Xinjiang

Les travaux systématiques de conservation et d'arrangement et de publication des manuscrits de Dunhuang sont des travaux culturels majeurs entrepris sous les auspices du Groupe national de direction pour l'arrangement et la planification de la publication des livres anciens 全國古籍整理出版規劃領導小組 . Ils sont promus conjointement par les milieux universitaires, culturels et de l'édition en Chine. Les *Dunhuang wenxian quanji* 敦煌文獻全集 (*Manuscrits complètes de Dunhuang*), projet clé des travaux, visent à fournir une publication intégrale de haut niveau, en couleur et en haute définition, ainsi qu'un arrangement systématique de haute qualité des manuscrits de Dunhuang dispersés dans le monde entier.

La présente publication fait partie des *Dunhuang wenxian quanji*. Elle est un catalogue couleur haute définition des manuscrits de Dunhuang conservés à la Bibliothèque nationale de France. Ce travail a été conçu comme une reprise revue et améliorée de la série intitulée *Facang Dunhuang xiyu wenxian* 法藏敦煌西域文獻 (*Manuscrits de Dunhuang et d'Asie centrale conservés à la Bibliothèque nationale de France*) publiée par les Éditions des Classiques chinois de Shanghai de 1992 à 2005 en 34 volumes de catalogues en noir et blanc. Avant les manuscrits de Dunhuang, nous avons inséré les quatre articles suivants : « Introduction de la collection documentaire de Tourfan et de Dunhuang », rédigé par Wei Tongxian 魏同賢 , président des Éditions des Classiques chinois de Shanghai ; « Préface » de Jean Favier, conservateur de la Bibliothèque nationale de France ; « Avant-propos » de Monique Cohen, conservateur à la Section orientale du Département des manuscrits ; et enfin « Introduction » de Li Weiguo 李偉國 , vice-président et rédacteur en chef adjoint des Éditions des Classiques chinois, Shanghai. Ces articles, en particulier « Introduction », fournissent un compte-rendu détaillé des origines de la rédaction, des contenus de l'ouvrage, de la valeur des documents de

Dunhuang conservés à la Bibliothèque nationale de France, des principes et des méthodes de rédaction, etc. En tant que suite du travail des *Manuscrits de Dunhuang et d'Asie centrale conservés à la Bibliothèque nationale de France*, cet ouvrage ne répétera pas ce qui a déjà été présenté dans les articles précédents, sauf si cela est nécessaire, mais se concentrera sur un compte-rendu du travail effectué à l'occasion de ce livre.

Si le volume total des différentes collections de Dunhuang se mesure en milliers de cotes, les quatre premières par ordre d'acquisition sont sans conteste celles de la British Library, de la Bibliothèque nationale de France, de la Bibliothèque nationale de Chine et de l'Institut d'études orientales de l'Académie des sciences de Russie. Mais si on évalue la qualité des collections en fonction de leur valeur scientifique, la collection française, bien qu'elle soit la plus petite des quatre, doit être classée au premier rang. C'est sans aucun doute Paul Pelliot qui a contribué à ce résultat puisque ce fut lui qui rassembla les manuscrits de Dunhuang conservé à la Bibliothèque nationale de France : il maîtrisait mieux le chinois que son prédécesseur anglais, Marc Aurel Stein, et il avait devancé à la fois les fonctionnaires chinois de la dynastie des Qing et l'académicien russe Sergei F. Oldenburg.

Pelliot arriva sur les Grottes de Mogao à Dunhuang en février 1908, il y accéda, ensuite feuilleta et examina des manuscrits. Sachant qu'il ne pourrait pas tout emporter avec lui, il établit trois critères de sélection : les documents bouddhiques non inclus dans le Canon des textes bouddhiques, les manuscrits portant une date et les documents non chinois, y compris également le plus grand nombre de textes littéraires non bouddhiques, des documents officiels et personnels, nestoriens et manichéens, des estampages et imprimés anciens ainsi que des peintures exécutées sur différents supports. Plus tard, quand il découvrit l'importance des *Fragments du Manichéisme* (*yu* 56, n.d. BD00256) tenus par la Bibliothèque de Pékin, il regretta de ne pas avoir pu s'en emparer, ce qui montre le soin de sa sélection quand il était aux grottes.

Pendant son séjour à Dunhuang, de février à mai, Pelliot a rédigé un rapport sur les découvertes faites aux grottes et sur un certain nombre des documents extraordinaires qu'il avait acquis. Ce rapport, envoyé à Paris et intitulé plus tard « Une bibliothèque médiévale retrouvée au Kan-sou », a été publié dans le *Bulletin de l'École française d'Extrême-Orient, VIII*[1]. En septembre 1909, lorsque Pelliot était venu à Pékin avec certains des documents rares trouvés à Dunhuang, Luo Zhenyu 羅振玉 et d'autres savants chinois eurent la possibilité de les transcrire et de les étudier. Ce fut à cette occasion que les premières monographies publiées sur Dunhuang virent le jour, notamment les *Dunhuang shishi yishu* 敦煌石室遺書（*Fragments de Dunhuang*） de Luo Zhenyu,

---

1 P. Pelliot, « Une bibliothèque médiévale retrouvée au Kan-sou », *Bulletin de l'École française d'Extrême-Orient*, VIII.3-4, 1908, pp. 501-529.

Shazhou wenlu 沙州文録（*Enregistrement des documents de Dunhuang*）de Jiang Fu 蔣斧 et *Dunhuang shishi zhenji lu* 敦煌石室真蹟録（*Enregistrement des livres authentiques de Dunhuang*）de Wang Renjun 王仁俊.

Après avoir constitué un « Fonds Pelliot de Dunhuang et d'Asie centrale », la Bibliothèque nationale de France a réparti les documents de Dunhuang dans plusieurs « fonds » classés par langue : le Fonds Pelliot tibétain, coté Pelliot tibétain ou P.t.1-2225, 3500-4451 ; le Fonds Pelliot chinois, coté Pelliot chinois 2001-6040, dont les cotes P. 4108-4499 et 5044-5521 étaient réservées aux documents écrits dans d'autres langues et pas encore utilisées ; le Fonds Pelliot sogdien, coté Pelliot sogdien 1-30 ; le Fonds Pelliot ouïgour, coté Pelliot ouïgour 1-16 ; le Fonds Pelliot sanscrit, coté Pelliot sanscrit 1-13. Il n'y a qu'un seul document hébreu, coté Pelliot hébreu 1. N'ayant pas été spécialement numérotés, les manuscrits khotanais sont classés dans les Fonds Pelliot tibétain et chinois selon la seconde langue. Parmi les manuscrits cotés différemment, comme la langue au recto et au verso est souvent différente, il existe donc d'autres manuscrits en d'autres langues dans chaque fonds. D'ailleurs, lors du catalogage de différents fonds, certains manuscrits ont été déplacés d'un fonds à un autre, ce qui fait qu'ils ont à la fois deux numéros différents. De plus, au cours de la restauration des documents de Dunhuang à la Bibliothèque, des fragments collés au verso de certains manuscrits ont été retirés, créant ainsi des bis et plusieurs pièces sous le numéro original. Certains manuscrits numérotés différemment ont également été joints lors du processus de restauration. Ce livre inclut des documents provenant des Fonds Pelliot chinois, sogdien, ouïgour, sanscrit et d'autres fonds. Il comprend également des manuscrits khotanais et tibétains classés dans les Fonds Pelliot chinois. Néanmoins, à cause de leur énorme quantité, il n'inclut pas les documents du Fonds Pelliot tibétain. En fait, les Éditions des Classiques chinois de Shanghai ont déjà publié une édition en noir et blanc des *Faguo guojia tushuguan cang Dunhuang zangwen wenxian* 法國國家圖書館藏敦煌藏文文獻 (*Documents tibétains de Dunhuang conservés à la Bibliothèque nationale de France*, 35 volumes, de 2007 à 2021), sa version couleur haute définition sera publiée à part. Quant aux manuscrits d'Asie centrale (notamment des documents chinois, tokhariens et sanskrits découverts par l'équipe d'exploration de Pelliot à Kucha), ainsi que les documents provenant de la partie Nord des Grottes de Mogao, initialement prévus pour les *Manuscrits de Dunhuang et d'Asie centrale conservés à la Bibliothèque nationale de France,* ils ne seront pas inclus dans cet ouvrage. En outre, pour les documents tangoutes fouillés des Grottes de Mogao, les Éditions des Classiques chinois de Shanghai ont également publié une édition en noir et blanc des *Faguo guojia tushuguan cang Dunhuang xixiawen wenxian* 法國國家圖書館藏敦煌西夏文文獻 (*Documents xixia de Dunhuang conservés à la Bibliothèque nationale de France,* 1 volume, 2007).

Les manuscrits chinois de Dunhuang conservés à la Bibliothèque nationale, qui sont les plus nombreux dans ce livre, ont initialement été catalogués par Paul Pelliot ; ce dernier acheva la première version de la tranche P.

2001-3511 ; toutefois, celle-ci ne fut pas publiée officiellement. S'appuyant sur les manuscrits de cette version, Lu Xiang 陸翔 en fit la traduction, intitulée « Bali tushuguan Dunhuang xieben mulu » 巴黎圖書館敦煌寫本目録（Catalogue des manuscrits de Dunhuang à la Bibliothèque de Paris), qui a été publiée en série de 1933 à 1934 dans le *Guoli Beiping tushuguan guankan* 國立北平圖書館館刊 (*Journal de la Bibliothèque nationale de Peiping), vol. 7, n° 6 et vol. 8, n° 1*. Plus tard, de 1932 à 1933, le chercheur japonais Naba Toshisada 那波利貞, étudiant à Paris, a poursuivi son propre travail de catalogage. La contribution la plus importante a été apportée par Wang Zhongmin 王重民, un chercheur chinois qui travailla comme « bibliothécaire invité » à la Bibliothèque nationale de France de 1934 à 1939. Il rédigea des notices explicatives pour tous les manuscrits cotés de P. 2001 à P. 5579, accompagnés de synopsis. En plus de son travail à la Bibliothèque nationale de France, il emporta en Chine sous forme de fiches cartonnées les résultats de ses recherches. Plus tard, en 1962, il écrivit encore un article intitulé « Boxihe jiejing lu » 伯希和劫經録（Catalogue des manuscrits chinois pris par Pelliot à Dunhuang) qu'il inclut dans *Dunhuang yishu zongmu suoyin* 敦煌遺書總目索引（*Index général des documents de Dunhuang*), édités et imprimés par les Presses Commerciales. En 1986, la Maison d'édition Xin wenfeng de Taipei a publié *Dunhuang yishu zuixin mulu* 敦煌遺書最新目録（*Nouveau Catalogue des documents de Dunhuang*), édité par Huang Yongwu 黄永武. En 2000, les Éditions des livres chinois de Beijing, a publié les *Dunhuang yishu zongmu suoyin xinbian* 敦煌遺書總目索引新編（*Nouveaux Index général des documents de Dunhuang*), qui est édité par Shi Pingting 施萍婷, laquelle a révisé et complété le catalogue de Wang Zhongmin.

Le travail de catalogage des documents conservés à la Bibliothèque nationale de France a également connu un autre développement encore plus important. Après la Seconde Guerre mondiale, grâce aux efforts du professeur Paul Demiéville, le Centre national de la recherche scientifique a créé une équipe de recherche sur Dunhuang, spécialisée dans le catalogage des documents de Dunhuang. Un grand nombre de publications ont été réalisées qu'il convient de citer ici : le *Catalogue des manuscrits chinois de Touen-houang, Fonds Pelliot chinois de la Bibliothèque nationale*, I, N°s 2001-2500[1], rédigé par Jacques Gernet et Wu Chiyu et publié en 1970 ; le *Catalogue des manuscrits chinois de Touen-houang. Fonds Pelliot chinois de la Bibliothèque nationale*, III, IV, V, N°s 3001-3500, 3501-4000, 4001-6040, rédigé par Michel Soymié et publié de 1983 à 1995, dont le volume V est en deux tomes[2] ; et enfin le *Catalogue des manuscrits chinois de Touen-houang*, VI : *Fragments chinois du Fonds Pelliot tibétain de la Bibliothèque nationale de France*, rédigé par Françoise

---

1 *Catalogue des manuscrits chinois de Touen-houang. Fonds Pelliot chinois de la Bibliothèque nationale*, I, eds. J. Gernet et Wu Chiyu, Paris: Bibliothèque nationale, 1970.

2 *Catalogue des manuscrits chinois de Touen-houang. Fonds Pelliot chinois de la Bibliothèque nationale*, III, IV, V, ed., M. Soymié, Paris: Fondation Singer-Polignac et École française d'Extrême-Orient, 1983, 1991, 1995.

Wang-Toutain et publié en 2001[3]. Chacun de ces volumes comprend la dénomination, les notes, les références, la description matérielle, ainsi que l'index alphabétique et analytique. Malheureusement, pour certaines raisons, le deuxième volume (N°s. 2501-3000) n'a pas encore été publié en version papier. Mais en 2006, au moment de la publication d'images par IDP, le catalogue numéroté complet a été enfin disponible. Détaillé, complet, bien stylisé, ce catalogue sert de référence importante à la rédaction de notre présent ouvrage.

De plus, les recherches effectuées par de nombreux chercheurs en ethnolinguistique sur les questions de transcription, de traduction et de classement ont permis de jeter des bases solides et utiles pour notre travail en cours. Citons à ce propos les noms de Harold W. Bailey, Ronald E. Emmerick, Kumamoto Hiroshi 熊本裕 et Duan Qing 段晴 pour les documents khotanais, ceux d'Émile Benveniste, Walter B. Henning, David N. MacKenzie, Nicholas Sims-Williams et Yoshida Yutaka 吉田豊 pour les documents sogdiens, et ceux de James Hamilton et Peter Zieme pour les documents ouïgours.

Outre le catalogage, l'étude des documents de Dunhuang conservés à la Bibliothèque nationale de France fut également fructueuse depuis plus de cent ans. La publication de microfilms à la fin des années 1970, les photocopies des *Dunhuang baozang* 敦煌寶藏 (*Trésors de Dunhuang*) dans les années 1980, et surtout, dans les années 1990, la publication assez claire en noir et blanc du catalogue des *Manuscrits de Dunhuang et d'Asie centrale conservés à la Bibliothèque nationale de France* ont offert sans cesse aux chercheurs des matériaux de meilleure qualité et ont fortement facilité le classement et l'étude des manuscrits. Qu'il s'agisse de textes bouddhiques, de livres anonymes taoïstes, des Quatre Livres, de documents officiels et personnels, ou de peintures sur papier et sur soie, tous sont classés et arrangés dans les ouvrages dont l'accumulation est considérable et dont nous avons pu profiter largement pour la dénomination.

Cependant, il est à noter que, du fait que la plupart des études sont basées sur des microfilms ou des catalogues en noir et blanc, certaines corrections et écritures pourpres ne sont souvent pas lisibles, de même que certains textes en pourpre clair sont très difficiles à entièrement enregistrer, ce qui a affecté plus ou moins la qualité des textes enregistrés par le passé et les conclusions des études. Depuis 2008, le site International Dunhuang Project (IDP) et le site Gallica de la Bibliothèque nationale de France publient progressivement des images en couleur de documents de Dunhuang conservés à la Bibliothèque, mais les titres sont tirés du *Catalogue des manuscrits chinois de Touen-houang*. Beaucoup d'images n'ont pas de titre en chinois et

---

3 *Catalogue des manuscrits chinois de Touen-houang, VI: Fragments chinois du Fonds Pelliot tibétain de la Bibliothèque nationale de France*, ed., F. Wang-Toutain, Paris: École française d'Extrême-Orient, 2001.

certaines ne sont pas aussi claires qu'elles pourraient l'être. Nous avons également remarqué que certains documents difficiles à comprendre n'ont pas été étudiés de manière approfondie jusqu'à présent, et que tous les documents n'ont pas de règle unifiée de dénomination en chinois sur la base des nouvelles recherches.

De ce fait, nous avons décidé de reclasser et de publier une édition couleur haute définition des *Faguo guojia tushuguan cang Dunhuang wenxian* 法國國家圖書館藏敦煌文獻 (*Manuscrits de Dunhuang conservés à la Bibliothèque nationale de France*).

Dans « Introduction des Manuscrits de Dunhuang et d'Asie centrale conservés à la Bibliothèque nationale de France », Li Weiguo a présenté les objectifs de l'édition : fournir aux chercheurs des catalogues précis et réalistes, assurer l'intégrité des catalogues et ne rien omettre ; dénommer correctement chaque volume et respecter des normes identiques ; enfin, rédiger l'annexe selon des critères académiques. Ce sont également nos objectifs actuels. D'ailleurs, ce que nous voudrions fournir, c'est la version couleur plus haute définition et réaliste, surpassant encore la version en ligne.

Le catalogue couleur haute définition favorisera sans aucun doute fortement l'étude des documents de Dunhuang. Les points, les écritures et les sceaux pourpres, peu lisibles dans le passé, sont maintenant lisibles, permettant de restituer le texte original corrigé et de vérifier les documents officiels portant le sceau pourpre. En particulier, bien que la manuscriptologie et l'histoire du livre n'en soient qu'à leurs débuts, les images en couleur fourniront une base fiable pour l'étude de la forme physique des manuscrits de Dunhuang, et feront progresser la discipline de l'histoire des manuscrits.

Grâce aux catalogues couleur et haute définition, nous avons la possibilité de corriger les résultats des recherches antérieures et d'étudier les manuscrits moins connus de nos prédécesseurs.

Tout en profitant pleinement des fruits des recherches antérieures, nous devrions faire référence aux normes des documentations anciennes pour adopter des dénominations uniformes en ce qui concerne les textes anciens, officiels ou personnels, les images et les autres matériaux. Pour les documents ethnolinguistiques, ils devraient également recevoir des dénominations uniformisées, suivant à la fois leur propre logique textuelle et les règles de dénomination des documents chinois. En raison des contraintes stylistiques du catalogue, nous n'avons inclus que les titres définitifs. Pour illustrer le fondement de notre dénomination, nous rédigerons un *Faguo guojia tushuguan cang Dunhuang wenxian jieti mulu* 法國國家圖書館藏敦煌文獻解題目録 (*Catalogue explicatif des manuscrits de Dunhuang conservés à la Bibliothèque nationale de France*), qui présentera l'état commun de conservation et des titres des premiers et derniers, ainsi que les fondements documentaires et de recherche sur les dénominations.

Nous espérons que la publication des *Manuscrits de Dunhuang conservés à la Bibliothèque nationale de France* ouvrira une nouvelle page dans l'étude des documents de Dunhuang et permettra aux chercheurs de lancer plus de recherches innovantes dans ce domaine.

Le 8 mai 2023

(Traduit par Bai Yanyuan 白琰媛 , Révisé par le professeur Éric Trombert)

INTRODUCTION

RONG Xinjiang

The Systematic Protection, Collation and Publication of Dunhuang Manuscripts Project is a significant cultural project headed by the National Leading Group for Planning of Ancient Books Collation and Publication 全國古籍整理出版規劃領導小組 and a project implemented and progressed collectively by Chinese academic, cultural and publishing circles. The *Dunhuang wenxian quanji* 敦煌文獻全集 (*Complete Collection of Dunhuang Manuscripts*), as the key project of the scheme, aims to collect and publish the high resolution colored facsimiles of Dunhuang manuscripts which scatter around the world and provide a systematic, high-quality collation of the manuscripts.

The present series of volumes is a part of the *Dunhuang wenxian quanji* and is a brand new publication of the high resolution colored facsimiles of the Dunhuang manuscripts housed in the Bibliothèque nationale de France (hereafter, BnF); in many ways, it is an upgraded version of the series of thirty-four volumes of the *Facang Dunhuang xiyu wenxian* 法藏敦煌西域文獻 (*Dunhuang and other Central Asian Manuscripts in the Bibliothèque nationale de France*, hereafter, *Facang*) published by the Shanghai Chinese Classics Publishing House from 1992 to 2005 and a continuation of the same work of editing the manuscripts themselves. Detailed information on the origin, coverage and value of the manuscripts, as well as the principles and methods involved in editing *Facang*, have already been provided in *Facang*'s "Foreword" (by Wei Tongxian 魏同賢, president of the Publishing House), "Preface" (by Jean Favier, president of the BnF), "Entry" (by Monique Cohen, chief curator of the Division of Oriental Manuscripts in the Department of Manuscripts, BnF) and, in particular, "Introduction" (by Li Weiguo 李偉國, deputy president and deputy editor-in-chief of the Publishing House). As a continuation of the same editing work, I have attempted to avoid any repetition of information and to focus on the new work accomplished in the present volumes.

If we calculate the quantity of the each Dunhuang collection by the tens of thousands of manuscript code numbers, the top four collections must belong to the British Library, BnF, the National Library of China and the Institute of Oriental Manuscripts (Russian Academy of Sciences) according to the sequence of obtaining. Compared with other leading institutions, the BnF has the smallest collection. However, considered in terms of academic values, the BnF's collection may be ranked as the most important. It is largely due to the activity of Paul Pelliot, who (compared with his forerunner Marc Aurel Stein from Britain) was an expert in the Chinese language and acted much earlier than the officials in Qing China and Sergei F. Oldenburg from Russia.

Soon after he arrived at the Mogao Caves in Dunhuang in February 1908, Pelliot entered the Library Cave and started his survey. Known that he was not able to take them all, he decided to collect manuscripts in three main categories : 1) Buddhist literature not included in the Chinese Buddhist canon, 2) manuscripts with dates and 3) non-Chinese manuscripts, along with various Chinese literature in "the four categories", official and private documents, religious literature of the Christian Church of the East and of the Manichaean, early rubbings and printings, and paintings of various textures. When he later heard that the "*traité manichéen*" (*yu* 56, new number BD00256) had been collected by Beijing, Pelliot could not help regretting having missed this manuscript. This could reflect the extent of his carefully-selecting.

During his stay in Dunhuang from February to May, Pelliot sent a preliminary report of his finds and some representative texts in the Library Cave to Paris, later published in the name of "Une bibliothèque médiévale retrouvée au Kan-sou" in the eighth volume of the *Bulletin de l'École française d'Extrême-Orient*[1], which was noted to be published in 1908, actually slightly later. In September 1909, Pelliot brought to Beijing a selection of valuable manuscripts obtained from Dunhuang, providing Chinese scholars such as Luo Zhenyu 羅振玉 with an opportunity to copy, edit and study them. In such condition the earliest monographs on the Dunhuang studies came out, including Luo Zhenyu's *Dunhuang shishi yishu* 敦煌石室遺書 (*Manuscripts of Dunhuang Caves*), Jiang Fu's 蔣斧 *Shazhou wenlu* 沙州文録 (*Collected works from Shazhou*) and Wang Renjun's 王仁俊 *Dunhuang shishi zhenji lu* 敦煌石室真蹟録 (*Records of documents of Dunhuang Caves*).

After being housed in the BnF, the manuscripts obtained by Pelliot were categorized into several "collections" (Fonds) according to language, including the Tibetan collection (Pelliot tibétain or P.t.1-2225, 3500-4451), the

1 P. Pelliot, "Une bibliothèque médiévale retrouvée au Kan-sou", *Bulletin de l'École française d'Extrême-Orient*, VIII.3-4, 1908, pp. 501-529.

Chinese collection (Pelliot chinois or P.2001-6040, with P.4108-4499, 5044-5521 reserved for manuscripts in other languages and thus left empty), the Sogdian collection (Pelliot sogdien 1-30), the Old Uighur collection (Pelliot ouïgour 1-16), the Sanskrit collection (Pelliot sanscrit 1-13) and the Hebrew collection (with only one item, Pelliot hébreu 1). The Khotanese manuscripts were not coded in a specific collection, but were categorized into different collections according to the language on the other side. Since many manuscripts have texts in more than one language or script, one can find texts in different languages and scripts in each collection. Additionally, some manuscripts have been moved from one collection to another in the process of cataloguing and editing, resulting in two codes for one manuscript. During the process of repairing, the BnF staff took off the mounting papers glued to some manuscripts, coding them with "bis" or "pièce" under the same number, and some manuscripts under different codes have been conjugated. The present volumes include the Chinese, Sogdian, Old Uighur, Sanskrit collections, and the texts in other languages such as Tibetan, Khotanese which were coded in Chinese collection. The Tibetan collection has not been included, due to its enormous size; it is scheduled to be published by the Shanghai Chinese Classics Publishing House in the high resolution colored facsimiles as an upgraded version of the earlier *Faguo guojia tushuguan cang Dunhuang zangwen wenxian* 法國國家圖書館藏敦煌藏文文獻 (*Tibetan Documents from Dunhuang in the Bibliothèque nationale de France*, 35 vols, 2007-2021). The manuscripts obtained in Xinjiang (comprising mainly those manuscripts in Chinese, Tocharian B and Sanskrit obtained by the Pelliot expedition in Kucha) and in the northern grottoes of the Mogao Caves in Dunhuang are not included in the present volumes either. The Tangut manuscripts of the latter have already been published in black-and-white facsimiles in the *Faguo guojia tushuguan cang Dunhuang xixiawen wenxian* 法國國家圖書館藏敦煌西夏文文獻 (*Xixia Documents from Dunhuang in the Bibliothèque nationale de France*, 1 vol., 2007) by the Shanghai Chinese Classics Publishing House.

The cataloguing of the Chinese collection, the main body of the present volumes, was initiated by Pelliot himself, who finished the draft of the catalogue of P.2001–3511, but left it unpublished. Lu Xiang 陸翔 translated the draft into Chinese and published it with the title "Bali tushuguan Dunhuang xieben mulu" 巴黎圖書館敦煌寫本目録 (Catalogue of the Dunhuang Manuscripts in the BnF) in the *Guoli Beiping tushuguan guankan* 國立北平圖書館館刊［*Bulletin of the National Library of Peiping*, vol. 7 (6) and vol. 8 (1), 1933-1934］. Following the Japanese scholar Naba Toshisada 那波利貞, who continued cataloguing when he studied in Paris (1932-1933), the Chinese scholar Wang Zhongmin 王重民 made the greatest contribution to the cataloguing when he was an exchange curator in the BnF (1934-1939). He finished the catalogue of all the manuscripts under the code number P.2001-5579, adding summaries for each item. In addition to the final result of his work, kept in the BnF, he brought back to China the draft in cards and published it later in Chinese with the title "Boxihe jiejing lu" 伯希和劫經録 (*Catalogue of the Scriptures Robbed by Paul Pelliot*) in the *Dunhuang yishu zongmu suoyin* 敦煌遺書總目索引 (*General Index of Dunhuang Manuscripts*, Beijing: Commercial Press, 1962).

Wang's catalogue was revised and complemented by Huang Yongwu's 黄永武 *Dunhuang yishu zuixin mulu* 敦煌遺書最新目録 (*An Up-to-date Catalogue of the Dunhuang Manuscripts*, Taibei: Xinwenfeng, 1986) and Shi Pingting's 施萍婷 *Dunhuang yishu zongmu suoyin xinbian* 敦煌遺書總目索引新編 (*A New Edition of the General Index of Dunhuang Manuscripts*, Beijing: Zhonghua shuju, 2000).

A more significant project for cataloguing the Dunhuang manuscripts in the BnF was initiated after World War II by Professor Paul Demiéville and carried out by a newly organized team of Dunhuang studies from the Centre national de la recherche scientifique in France. Volume I of the *Catalogue des manuscrits chinois de Touen-houang, Fonds Pelliot chinois*, edited by Jacques Gernet and Wu Chiyu, was published in 1970 by BnF, comprising the items P.2001-2500[1]. Volumes III, IV and V (in 2 parts), edited by Michel Soymié, were published in 1983, 1991 and 1995, comprising the items P.3001-3500, P.3501-4000 and P.4001-6040, respectively[2]. Volume VI, edited by Françoise Wang-Toutain, came out in 2001, comprising the Chinese texts in the Tibetan collection[3]. For each item, the editors provide the title, colophon, references and a physical description, with accompanying indices for proper names and topic classification. Unfortunately, volume II, comprising items P.2501-3000, has not yet been published in hard copy for some reason. However, the complete catalogue of all items has been published online, together with images uploaded under the IDP framework since 2006. This catalogue, with detailed and complete information, has greatly facilitated the production of the present volumes.

As for texts in non-Chinese languages, the present volume has benefitted enormously from the previous work of Harold W. Bailey, Ronald E. Emmerick, Kumamoto Hiroshi 熊本裕 and Duan Qing 段晴 on Khotanese texts, Émile Benveniste, Walter B. Henning, David N. Mackenzie, Nicholas Sims-Williams and Yoshida Yutaka 吉田豊 on Sogdian texts, and James R. Hamilton and Peter Zieme on Old Uighur texts. Their series work of transliteration, translation and studies lays solid foundation for present entitling and publishing.

In addition to the aforementioned catalogues, the study of the Dunhuang manuscripts in the BnF has produced enormous results in the past 100 years. The publication of microfilms in the late 1970s, photocopies in *Dunhuang baozang* 敦煌寶藏 (*Treasury of Dunhuang*) in the 1980s, and relatively high quality black-and-white facsimiles in *Facang* in the 1990s have continually provided scholars with much better access to the materials,

---

1 *Catalogue des manuscrits chinois de Touen-houang. Fonds Pelliot chinois de la Bibliothèque nationale*, I, eds. J. Gernet et Wu Chiyu, Paris: Bibliothèque nationale, 1970.

2 *Catalogue des manuscrits chinois de Touen-houang. Fonds Pelliot chinois de la Bibliothèque nationale*, III, IV, V, ed., M. Soymié, Paris: Fondation Singer-Polignac et École française d'Extrême-Orient, 1983, 1991, 1995.

3 *Catalogue des manuscrits chinois de Touen-houang*, VI: *Fragments chinois du Fonds Pelliot tibétain de la Bibliothèque nationale de France*, ed., F. Wang-Toutain, Paris: École française d'Extrême-Orient, 2001.

prompting further research in the field. Many monographs of collected collation have been produced up to the present day, covering a large number of themes, including Buddhist literature, lost Taoist books, Chinese literature in “the four categories”, official and private documents, paintings on paper and silk, etc. These monographs have had a considerable accumulation, which are important references for our work of entitling.

However, most of the previous editions and studies were based on microfilms and black-and-white facsimiles, in which marks or scripts in red ink on the originals was unclear or even invisible, rendering the transcriptions and conclusions less than entirely reliable. Since 2008, the IDP and Gallica websites have started to publish colored images of the Dunhuang manuscripts in the BnF, but the titles for each item are based on the aforementioned *Catalogue des manuscrits chinois de Touen-houang*. Some manuscripts are not yet entitled in Chinese, and some images are still not of the highest possible quality. Additionally, some difficult texts are still lack of thorough studies to this day and all manuscripts were not given canonical Chinese titles based on the newest studies.

For these reasons, we have decided to compile and publish the *Faguo guojia tushuguan cang Dunhuang wenxian* 法國國家圖書館藏敦煌文獻 (*Dunhuang Manuscripts in the Bibliothèque nationale de France*) with high quality colored facsimiles.

In the “Introduction” to *Facang*, Li Weiguo briefly introduces the goals of compilation as follows: to provide the scholars with images of each manuscript in an exact and complete way, using facsimiles of high quality and avoiding omissions of any kind; to keep the original appearance of the image, clear to read; to give each manuscript a proper title, using a consistent style; and to include an academic appendix. These remain the goals for the present volumes, in which we attempt to provide even clearer facsimiles in color, of a higher quality than the images published online.

The publication of colored facsimiles will no doubt promote the study of the Dunhuang manuscripts to a new level. The scripts, marks and seals in red ink on the originals, long obscure or invisible to the general public, can be seen in clear detail. The corrections on the text in red ink and the nature of the official documents with red seals will also be evident to readers. In particular, under the circumstance that the study of codicology and the history of books are in the ascendant, the color pictures will provide reliable image bases for the study of the physical forms of the Dunhuang manuscripts, thus facilitating further studies in disciplines such as the history of books, codicology, and so on.

With the help of high quality colored facsimiles, we can properly revise previous editions and studies, as well as carrying out new investigations into unidentified and unedited manuscripts. On the basis of previous editions and studies, we could make use of norms of compilation of traditional classics and unearthed documents, to provide canonical titles for each manuscript including literature, official and private documents, paintings, etc. The manuscripts in non-Chinese languages are also named according to their contents, in a style similar to that used for the Chinese manuscripts. Restricted by the style of the volumes, we only provide certified titles below the plates. The reasons for the titles, including textual and study bases, will be included, along with the relevant basic physical descriptions of the manuscripts and colophons, in our forthcoming book *Faguo guojia tushuguan cang Dunhuang wenxian jieti mulu* 法國國家圖書館藏敦煌文獻解題目録 (*A Descriptive Catalogue of the Dunhuang Manuscripts in the Bibliothèque nationale de France*).

We hope that the present volumes of *Faguo guojia tushuguan cang Dunhuang wenxian* will initiate a new chapter in the study of the Dunhuang manuscripts, promoting ever more scholarly study in this field.

May 08, 2023

(Translated by Fu Ma 付馬)

凡例

一　本書收録法國國家圖書館藏敦煌藏經洞出土文獻，包括伯希和漢文、粟特文、回鶻文、梵文、希伯來文編號下的文獻，刊布全部高清彩色圖版，並予以定名。

二　本書圖版根據法國國家圖書館館藏編號順序編排。每號文獻基本按照閱讀起訖順序排列，依次呈現外觀、包首或護封、正面、背面等。一個編號若存在多件紙本或附着殘片，則依次呈現每件紙本或殘片的正面、背面。背面僅收録有文字、圖像或其他要素的圖版，不録空白部分，册子本除外。每號文獻訂口接排或分頁，從頭到尾逐幅展示，以數字表示總幅數和當前圖版位置，用括號標注。

三　本書除逐幅展示外，根據需要設置總圖和局部圖，以更全面地展現文獻全貌和細節。分頁展示的或有圖畫的文獻，前附總圖。若圖版頁面分割了圖畫構圖，或細節模糊有必要放大時，後附整體感較强、清晰度更高的局部圖。總圖與局部圖皆用括號標注。

四　本書綜合參考原卷首題、尾題、外題，對每個文獻定名，如原卷題名與古籍中該文獻正式名稱不同，則採用正式名稱。無題名者，本書或比定其名，或擬定新名。文獻形態的重要特徵標注於文獻名稱前，如金字、刻本等。非漢文文獻在名稱前標注語種。有分卷不同等其他情況者，括注於文獻名稱後。

五　本書定名一律使用通行繁體字，若涉及原文中的人名、地名等，保留原字形。文獻中紀年，可確定具體年代者，定名中注明朝代並括注公元紀年。

六　本書圖題文字内容包含法藏編號、文獻序號、文獻名稱、圖版序數，其順序及符號意義如下：

①　P.——伯希和漢文文獻；

P.t.——伯希和藏文文獻；

Pelliot ouïgour——伯希和回鶻文文獻；

Pelliot sogdien——伯希和粟特文文獻。

②　P. 等後面的數字——伯希和編號序數。

③　bis 或 pièce, pièce 1, pièce a, fragment 1——原附屬於某編號文獻的紙本、殘片及序數。

④　序數後的字母A, B, C——某編號文獻内多件紙本的序號。

⑤　v——verso 簡寫，表示背面。

⑥　文獻名稱前的數字1, 2, 3——某編號文獻内多項内容的序號。

⑦　文獻名稱。

⑧　（N-n）——某編號文獻的圖版總數和當前圖版序數。

⑨　＋——連接法國國家圖書館已綴合文獻的符號，連接順序依文獻現狀而定，已綴合圖版不重複出現。

七　本書所用圖例如下：

①　比例尺——隨原照片等比例擴大縮小，置於每一文獻首張圖版的上方，作爲圖版實物尺寸的標準參考物。

②　色卡——依據原照片顔色製作，置於每一文獻首張圖版的上方，作爲圖版實物色彩的標準參考物。

③　三角標記——在連續圖版的上方設置三角標記符號，用以提示圖版重複位置。

NOTES D'ÉDITEUR

Ⅰ Ce livre contient des documents provenant des grottes de Dunhuang et conservés à la Bibliothèque nationale de France. Il comprend le Pelliot chinois, sogdien, ouïgour, sanscrit et hébreu, tous seront publiés en couleur haute définition avec les titres.

Ⅱ Les gravures de cette présente publication sont classées selon leur numéro dans la collection de la Bibliothèque nationale de France. Généralement, tous les documents sont rangés par ordre de lecture en présentant successivement l'apparence, l'enveloppe en tissu ou la jaquette, le recto et le verso, etc. Lorsque plusieurs papiers ou fragments sont attachés à un numéro, leur recto et verso seront montrés par ordre. En fait, le verso ne contient que des écritures, des images ou d'autres gravures, et non des vides, sauf pour les livrets. De plus, pour la mise en page d'un livre, il faut prévoir également l'espace nécessaire à la reliure. Chaque document est présenté du début à la fin, gravure par gravure, avec ou sans saut de page. Le nombre total de gravures et la position actuelle sont indiqués par des chiffres entre parenthèses.

Ⅲ Outre la présentation des gravures une à une, cet ouvrage comporte des vues générales et partielles en fonction des besoins pour donner une meilleure représentation des documents dans l'ensemble et dans les détails. Pour les documents avec des sauts de page ou des images, des vues d'ensemble sont jointes sur le devant. D'ailleurs, si la composition picturale est divisée par des sauts de page, ou si le détail est flou et qu'un agrandissement est nécessaire, une vue partielle plus claire ou plus visuelle sur la zone divisée se trouve derrière Les vues générales et partielles sont indiquées entre parenthèses.

Ⅳ Pour intituler les documents, ce livre fait référence de manière synthétique au titre avant le texte, après le texte et le titre dans la couverture des volumes originaux. Si pour un document, le titre dans le volume original diffère de son titre officiel dans les livres anciens, c'est le titre officiel qui est utilisé ici. Mais pour le document non intitulé, soit ce livre en décide le titre par la comparaison des autres, soit il y donne un nouvel titre. Les caractéristiques importantes de la forme documentaire, telle que texte doré, ou édition xylographique, etc., sont marquées avant le titre. En outre, s'il s'agit d'un document non chinois, la langue sera indiquée avant le titre. Dans d'autres cas, par exemple lorsqu'il s'agit de plusieurs volumes, la note sera placée entre parenthèses après le titre du document.

Ⅴ Tous les titres figurant dans ce livre sont en caractères chinois traditionnels. Cependant, s'il s'agit des noms de personnes ou de lieux, les caractères originaux seront conservés. De plus, lorsque la chronologie d'un document peut être datée, indiquer la dynastie dans le titre et mettre l'année de l'ère commune entre parenthèses.

Ⅵ Dans cet ouvrage, le titre de l'image comporte le numéro du Pelliot (Fonds Pelliot conservé à la Bibliothèque nationale de France), le numéro de série et le titre des documents, ainsi que le nombre ordinal de la gravure, dont l'ordre et la signification symbolique sont les suivants:

① P. : Pelliot chinois ; P.t. : Pelliot tibétain ; Pelliot ouïgour : Pelliot ouïgour documents ; Pelliot sogdien : Pelliot sogdien documents.

② Les chiffres après P., etc. : le numéro du Pelliot.

③ Bis ou pièce, pièce 1, pièce a, fragment 1 : la pièce, le fragment et le nombre ordinal attachés initialement à un document numéroté.

④ Les lettres A, B ou C après le nombre ordinal : le numéro de série des pièces d'un document numéroté.

⑤ v : abréviation de « verso », indiquant le dos.

⑥ Les chiffres 1., 2., 3. avant le titre du document : le numéro de série des parties d'un document numéroté.

⑦ Le titre du document.

⑧ (N-n) : le total des gravures et le nombre ordinal de la gravure présente du document numéroté en question.

⑨ + : le symbole indique la connexion aux documents déjà joints par la Bibliothèque nationale de France. L'ordre de jonction dépend de la situation des documents, et les gravures déjà associées n'apparaissent pas à plusieurs reprises.

Ⅶ Les légendes utilisées dans ce livre sont les suivantes:

① Échelle : agrandie et réduite à proportion de la photographie originale, placée en haut de la première gravure de chaque document et sert de norme de référence pour la dimension réelle de la gravure.

② Cartes de couleurs : basées sur les couleurs des photographies originales, placées en haut de la première gravure de chaque document et sert de norme de référence pour la couleur réelle de la gravure.

③ Signe triangulaire : placé au-dessus des gravures successives pour indiquer la répétition.

(Traduit par Bai Yanyuan 白琰媛)

EDITORIAL NOTES

1. The book is a collection of the Dunhuang manuscripts from the library cave housed at the National Library of France. It covers Pelliot Chinese, Sogdian, Uighur, Sanskrit and Hebrew documents, all published in high resolution color plates with titles.

2. The arrangement of plates in the book is based on numbers allocated by the National Library of France. Under each number, plates are arranged in accordance with the reading order of documents, presenting the appearance, covers, recto and verso, etc. Where there is more than one manuscript or attached fragments in a numbered document, the recto and verso of each manuscript and fragment are shown consecutively. Regarding the verso of documents, the book includes plates with texts, images, or other elements and excludes the plates of blank verso, except for booklets. Documents are displayed on double-page spreads or separate pages, with numbers in parentheses to indicate the total number of plates and the ordinal number of the present plate.

3. In addition to presenting plates in a consecutive manner, the book provides the general view and partial view of some of the documents to show the over-all appearance and details of documents. Where the document is displayed on separate pages or have images, the general view of the document is provided before the document. Where plates and pages divide the images, or details are difficult to see clearly and a zoom-in view is needed, a clearer partial view with stronger sense of wholeness is attached. The general view and partial view are indicated with parentheses.

4. The titles of documents in the book are decided based on a comprehensive study of their head titles, end titles and outer titles in manuscripts. Where the title in manuscripts is different from the formal title in transmitted literature, the formal title is adopted. For those having no titles, documents are named by comparing them with other documents, or a new title is proposed. The important physical features of documents, such as characters in gold ink, printed, etc., are noted before the title. The language of non-Chinese documents is also indicated before the title. Other cases, such as the number of volumes being different, are indicated in parentheses after the title.

5. The titles of documents in the book are in traditional Chinese characters. Where the title contains people's names and place names, the original characters of these names are retained. For dated documents, the corresponding dynasty is indicated in the title, and the common era is noted in parentheses.

6. The titles of images in the book consist of the Pelliot number, the serial number of the document, the title of the document and the serial number of the plate. Their sequence and meanings are as follows:

① P.: Pelliot Chinese documents; P.t.: Pelliot Tibetan documents; Pelliot ouïgour: Pelliot Uighur documents; Pelliot sogdien: Pelliot Sogdian documents.

② Numbers after P. etc.: Pelliot serial number.

③ bis or pièce, pièce 1, pièce a, fragment 1: Manuscripts and fragments attached to a numbered document and their ordinal numbers.

④ Letters A, B, C after the serial number: the ordinal numbers of multiple manuscripts in a numbered document.

⑤ v: the abbreviation for "verso", i.e. the back of the document.

⑥ Numbers 1., 2., 3. before the title of the document: the ordinal numbers of multiple contents in a numbered document.

⑦ The title of the document.

⑧ (N-n): the total number of the plates of a numbered document and the ordinal number of the present plate.

⑨ + : mark for connecting documents joined by the National Library of France. The sequence of the numbers depends on the situation of the documents. The book does not repeat the plates of documents which have been joined.

7. Legends in the book are as follows:

a) Scale: enlarged and reduced in proportion to the original photographs and placed above the first plate of each document as a reference standard for the actual dimension of the plate.

b) Color card: based on the color of the original photographs and placed above the first plate of each document as a reference standard for the actual color of the plate.

c) Triangular mark: placed above successive plates to indicate the overlap between two plates.

(Translated by Feng Jing 馮婧)

目録

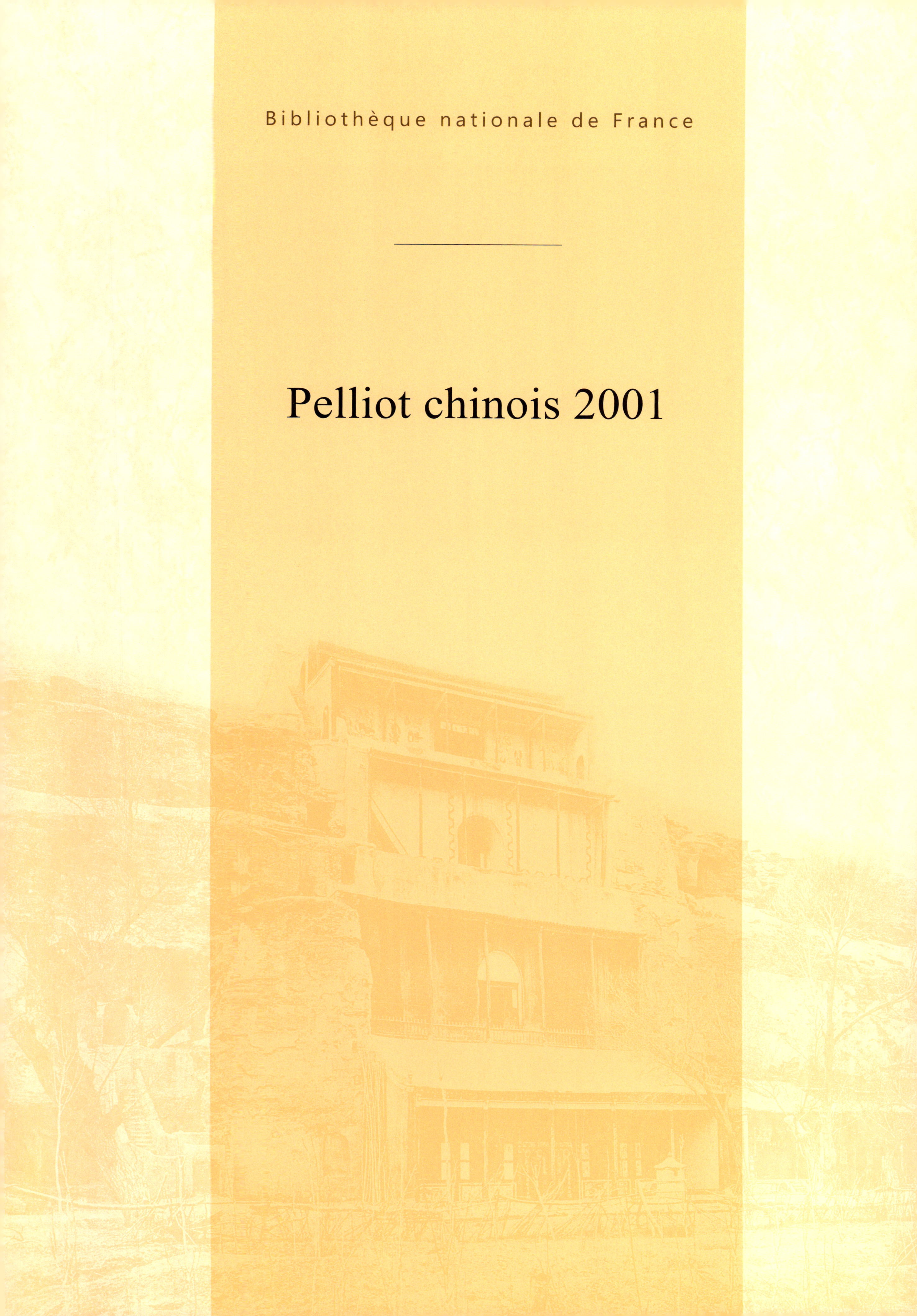

Bibliothèque nationale de France

Pelliot chinois 2001

Pelliot chinois
Touen-houang 2001

南海寄歸內法傳卷第一

P.2001 南海寄歸内法傳卷一并序（總圖） （一）

P.2001 南海寄歸内法傳卷一并序（總圖） （二）

法國國家圖書館藏敦煌文獻

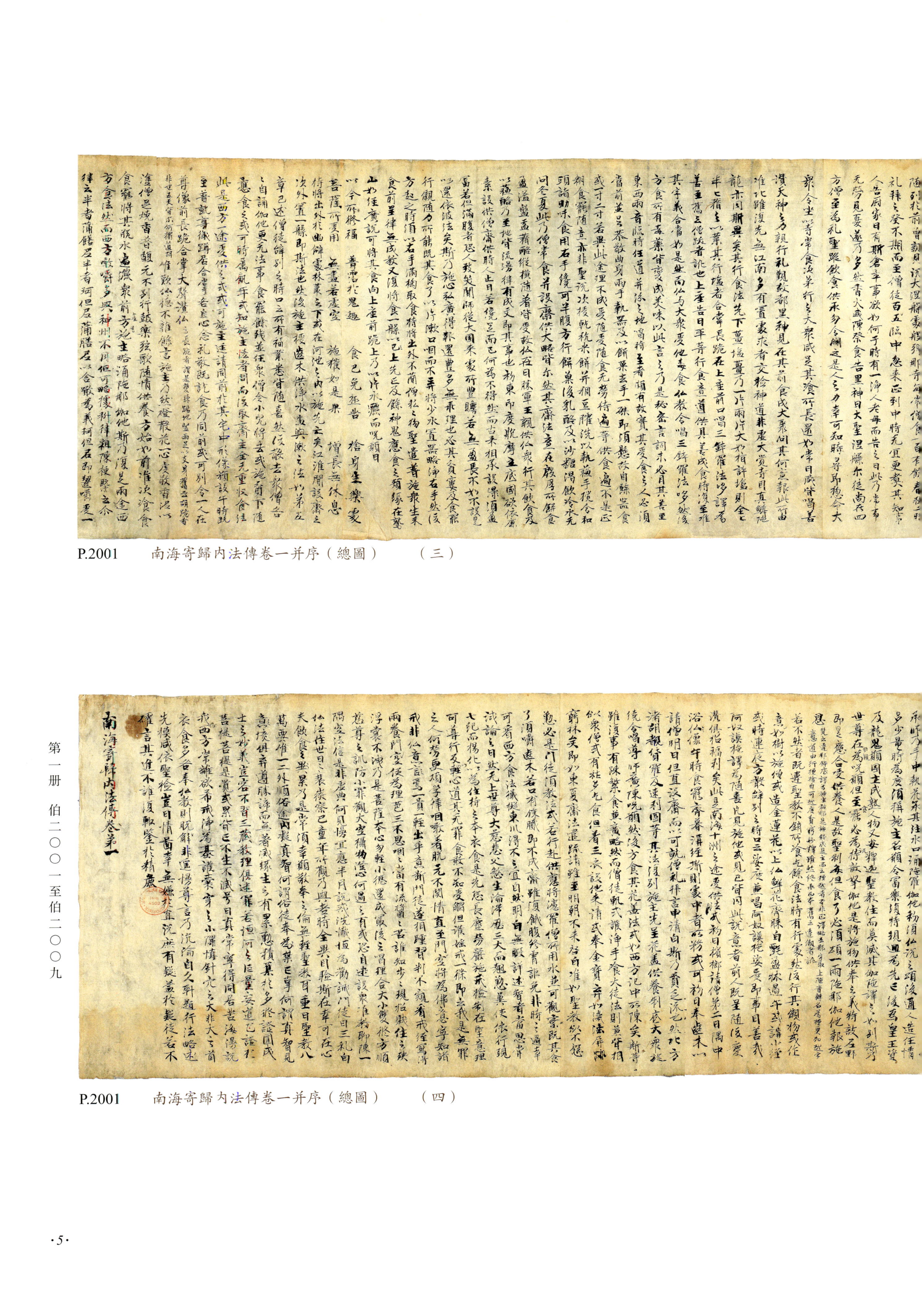

P.2001 南海寄歸内法傳卷一并序（總圖） （三）

P.2001 南海寄歸内法傳卷一并序（總圖） （四）

Pelliot chinois
Touen-houang 2001

南海寄歸内法傳卷第一 并序

夫三千肇建羨貳其支之端百億匹成劫無人物既空洞於世界則日月
未流貪闇彌於絛錄則陰陽莫辯暨乎淨天下降身光自隨因飡地肥
遂生貪著林藤香稻轉次食之身光漸滅日月方現夫婦農作之事興君
臣父子之道立然而上觀青象則妙高色而浮光下察黃輿乃風蕩水而成
信云三儀分判人生其中或清濁氣自然而有陰陽陶鑄闢之以鴻鑪品物賦
咸方之於梯楨者蓋宣聽曲談之謂也於是高峙星分含靈蕃遂使道殊九六
十種諍分十六二五門僧法乃從一萬物始生彝世則因六條而五道方起或露體扶
疑將爲出要或厭身椎髮執作昇天或生乃自然或死當識滅或云幽冥莫
識精真耶耶忽忽因知所出或云人常得人道或說死便爲鬼靈或談不然爲我
已不知我爲蟓形既羣迷於螺羸復聚或於蠙蛉比渾沌於鷄子弟晦昧於孩嬰
斯皆未了由愛故生藉業而有輪迴苦海往復迷津者寧然則親指平途窮
宣妙理說十二緣起攘三六獨法号天人師稱一切智引四生於大宅拔三有於昏
城出煩惱流登涅槃岸者粵我大師釋迦世尊矣創成覺龍河九有興出塵之
望後移光鹿菀六道咸歸依之心初轉法輪則五人受化次談戒躅則千生伏首於

Pelliot chinois 2001

P.2001　南海寄歸内法傳卷一并序　（25—1）

望後移光鹿苑六道咸歸依之心初轉法輪則五人受化次談戒躅則千生伏首於
是闡梵響於王城獲果者無窮酬恩惠於丈城發心者莫算始自了教會初
顧以標誠終乎妙賢奐後斯於結念住持八紀弘濟九居教無幽而不陳機無微
而不納若泛為俗侶略言其五禁局提法眾遂廣彰乎七篇以為宅有者大悲哉聖
則非誡存生者小過律顯則過之且如志損輕枝現生龍尸懲濟薇命文帝居善
惡之報固其明矣於是經論兼施定慧俱設攝生之紐唯斯三藏乎既而親對
大師教唯一說隨機拯物理乏他議及乎薜舍初對摩王或歡喜之志迴達後
無滅顯云之理可謂化緣斯盡能事畢功遂乃歸雨河人天掩望影淪雙樹龍
兔權心致使娑羅林側淚成泫咲者身邊血如花樹大師唱寂世界空虛次有
法應存人結集有五七之異持律大將分為十八之殊隨所見聞三藏各別著下
聚則猶有正備被上服則棄存狹廣因循乃異室纏園兩俱無過受食手執盡
地二並無愆各有師承事無和雜 有部則正餘三並偏有部則要須別室正量以纏園林有部手
請僧祇盡他 諸部流派生起不同西國相承大綱唯四 一阿離耶莫訶僧祇尼迦耶周云聖大眾部
分出七部三藏各有十万頌合三十三万頌唐譯可成千卷二阿離耶悉他陛攞尼迦耶唐云聖上座部分
三部三藏多少同前三阿離耶慕攞薩婆悉底婆拖尼迦耶唐云聖根本說一切有部分出四部三藏多
少同前四阿離耶三蜜底尼迦耶唐云聖正量部分出四部三藏二十万頌律有三千頌然而部執所傳多有

P.2001 南海寄歸內法傳卷一并序 （25—2）

第一冊 伯二〇〇一至伯二〇〇九

三部三藏多少同前三阿離耶[illegible]

少同前四阿離耶三蜜底尼迦耶唐云聖正量部分出四部三藏二十萬頌律有三十千頌然而部執所傳多有

同異且依現事言其十八分為五部不聞於西国耳其間離分出沒部別名字事非一致如餘所

論此不繁述故五天之地及南海諸洲皆云四種尼迦耶然其所欽處有多少摩揭陀

則四部最盛羅荼信度西印国名則少兼三部乃正量尤多北方皆全有部時逢大眾南

面則咸遵上座餘部少存東裔諸国雜行四部從那爛陀東行五百驛皆名東裔乃至盡

窮有大黑山計當土蕃南畔傳云是蜀川西南行可一月餘便達斯嶺次南畔逼近海涯有室利察呾

羅国次東南有郎迦戍国次有東杜和缽底国次東極至臨邑国並悉極遵三寶多有持戒之人乞食杜多

是其国法西方見有實異常倫師子洲並皆上座而大眾斥焉然南海諸洲有十餘国純

唯根本有部正量時欽近日已來少兼餘二從西數之有婆魯師洲末羅遊洲即今尸利佛

逝是莫訶信洲訶陵洲呾呾洲盆盆洲婆里洲掘倫洲佛逝補羅洲阿善洲末迦漫洲又有小洲不能具

錄斯乃咸遵佛法多是小乘唯末羅遊少有大乘耳諸国周圍或可百里或數百里或

可百驛大海雖難計里商舶串者准知良為掘倫初至交廣遂使總喚崑崙国焉

唯此崑崙頭捲體黑自餘諸国與神州不殊赤腳敢曼總是其式廣如南海錄中具

述驩州正南步行可餘半月若乘船纔五六朝即到匕景南至占波即是臨邑此国

多是正量少兼有部西南一月至跋南国舊云扶南先是裸国人多事天後乃佛法盛

流惡王今並除滅迥無僧眾外道雜居斯即贍部南隅非海洲也然則東夏大綱

多行法護關中諸處僧祇舊兼江南嶺表有部先盛而云十誦四分者多是取

其經夾以為題目詳觀四部之差律儀殊異重輕懸隔開制迢然[illegible]

P.2001　南海寄歸内法傳卷一并序　（25—3）

多行法護關中諸處僧祇舊兼江南嶺表有部先盛而云十誦四分者多是取
其經夾以為題目詳觀四部之差律儀殊異重輕懸隔開制迢然出家之侶各依
部執無宜取他輕事替己重條用自開文見嫌餘制若爾則部別之義不著許遮
之理莫分豈得以其一身遍行於四裂裳金杖之喻乃表證滅不殊行法之徒須依
自部 頞婆娑羅王夢見一疊裂為十八片一金杖斬為十八段怖而問佛佛言我滅度後一百餘年有阿輸迦王
威加瞻部時諸苾芻教分十八趣解脫門其數一也此乃先兆王見莫憂耳 其四部之中大乘小乘區分不
定北天南海之郡純是小乘神州赤縣之鄉意存大教自餘諸處大小雜行考其致也
則律撿不殊齊制五篇通修四諦若禮菩薩讀大乘經名之為大不行斯事號之為小所
云大乘无過二種一則中觀二乃瑜伽中觀則俗有真空體虛如幻瑜伽則外无內有
事皆唯識斯並咸遵聖教孰是孰非同契涅槃何真何偽意在斷煩惑濟拔眾
生豈欲廣致紛紜重增沈結依行則俱昇彼岸棄背則並溺生津西国雙行理
無乖競既无慧目誰鑒是非任久習而修之幸无勞於自割且神州持律諸部互
牽而講說撰錄之家遂乃章鈔繁雜五篇七聚易處更難方便犯持顯而還
隱遂使覆一簣而情息聽一席而心退上流之伍蒼髭乃成中下之徒白首寧就
律本自然落漠讀疏遂至終身師弟相承用為成則論章段則科而更科述結罪
則句而還句考其功也實致為山之勞覈其益焉時有海珠之潤又凡是制作之家
意在令人易解豈欲故為密語而更作解嘲譬乎水溢平川決入深井有懷飲息
濟命无由准驗律文則不如此論斷輕重但用數行說罪方便无煩半日此則西方

P.2001 南海寄歸内法傳卷一并序 （25—4）

意在令人易解豈[illegible]

濟命无由准驗律文則不如此論斯輕重但用數行說罪方便无煩半日此則西方
南海法徒之大歸矣至如神州之地禮教盛行敬事君親尊讓耆長廉素謹順
義而後取孝子忠臣謹身節用皇上則恩育兆庶納隍軫慮於明發群臣則
莫不拱手履薄呈志於通宵或時大啓三乘廣開百座布慈於八澤有識者咸
悉歸心散伽藍九宇迷途者並迴向皇皇焉農歌畎畝之中濟濟焉商詠冊車
之上遂使雞貴象尊之國頓顙丹墀金隣玉嶺之鄉投誠碧砌為无為事无
事斯固无以加也 雞貴者西方名高麗國為俱俱吒䃜說羅俱俱吒是雞䃜說羅是貴西方傳云彼國敬雞神而取尊故戴翎羽而表飾矣言象尊者西國君王以象為最五天並悉同然矣
其出家法侶講說軌儀徒眾儼然欽誠極旨自有屏居幽谷脫屣樊籠漱巖
流以遐想坐林薄而棲心六時行道能報淨信之恩兩期入定合受人天之重此則善符
經律何有過焉然由傳受訛謬軌則參差積習生常有乖綱致若謹依聖教及現
行要法總有四十章分為四卷名南海寄歸內法傳又大周西域行人傳一卷并雜
經論等並錄附歸願諸大德興弘法心無懷彼我善可量度順佛教行勿以輕人
便非重法　重曰然今古所傳經論理致善通禪門定瀲之微此難懸瀉且
復粗陳行法符律相以先呈倫舉條章考師宗於實錄縱使命淪夕景希成一
簣之功餘絕朝光庶有百燈之續況此不勞尺步可踐五天於短階未徙寸陰實
鏡千齡之迷躅幸願檢尋三藏鼓法海而揚四波披鏡五篇流惠舟而提六欲雖

[illegible]

P.2001　南海寄歸内法傳卷一并序　（25—5）

鏡千齡之迷躅幸願捨尋三藏澍法海而陽四波眩鏡五篇汎惠舟而提六部
復親承近旨目撿玄宗然非消發於己心終恐受嗤於惠目云尒

一破夏非小　二對尊之儀　三食坐小床　四飡分淨觸　五食罷去穢
六水有二瓶　七晨旦觀蟲　八朝嚼齒木　九受齋赴請　十衣食所須
十一着衣法式　十二尼衣喪制　十三結淨地法　十四五衆安居　十五隨意成規
十六匙節合處　十七知時而礼　十八便利之事　十九受戒軌則　廿洗浴隨時
廿一坐具襯身　廿二臥息方法　廿三經行少病　廿四礼不相扶　廿五師資之道
廿六客舊相遇　廿七先體病源　廿八進藥方法　廿九除其弊藥　卅旋右觀時
卅一灌沐尊儀　卅二讚詠之禮　卅三尊敬乖式　卅四西方學儀　卅五長髮有無
卅六亡財僧現　卅七受用僧衣　卅八燒身合不　卅九傍人獲罪　四十古德不為

凡此所論皆依根本說一切有部不可將餘部事見糅於斯此與十誦大歸相似有
部所分三部之別一法護二化地三迦葉卑此並不行五天唯烏長那国及龜茲于
闐雜有行者然十誦律亦不是根本部也

一破夏非小

凡諸破夏苾蒭但不獲其十利然是本位理无成小豈容昔時受敬今翻礼卑習以成俗
本無憑據依夏受請盜過容生故應詳審理无疏略宜取受戒之日以論大小縱令失
夏不退下行尋撿聖教元文誰昔遣行斯事

二對尊之儀

准依佛教若對形像及近尊師除病則徒跣

具不違下行者於夏教无文許普遵行其事

二對尊之儀　　准依佛教若對形像及近尊師除病則徒跣

是儀无容輒著鞋履偏露右肩衣掩左髆首无巾帊自是恒途餘處遊行在開非

過若是寒國聽著短靴諸餘履屣隨處應用既而殊方異域寒燠不同准如聖教

多有遮聽理可隆冬之月權著養身春夏之時須依律制履屣不旋佛塔教已先

明富羅勿進香臺頌之日久然有故違之難乎是福壞金言

三食坐小床　　西方僧眾將食之時必須人人淨洗手足各各別

踞小床高可七寸方纔一尺藤繩織內腳圓且輕卑幼之流小枯隨事雙足踏地前置

盤盂地以牛糞淨塗鮮葉布上坐去一肘互不相觸未曾見有於大床上跏坐食者且如

聖制床量長八指以三倍之長中人廿四指當笏尺之半東夏諸寺床高二尺已上此則元不合

坐坐有高床之過時眾同此欲如之何護罪之流須觀尺樣然靈巖西禪床高一尺古德

所製誠有由來即如連坐跏趺排膝而食斯非本法幸可知之聞夫佛法初來僧食悉皆

踞坐至乎晉代此事方訛自茲已後跏坐而食然聖教東流年垂七百時經十代代有其

人梵僧既繼踵來儀漢德乃排肩受業亦有親行西國目擊是非雖還告言誰

能見用又經云食已洗足明非床上坐來食時足邊墮落故知垂腳而坐是佛弟子宜應學佛

縱不能依勿生輕笑良以敷巾方坐難為護淨殘宿惡觸无緣得免又復飯眾殘食深是

非儀收去及觸僧俗家人還捉淨器此則空費淨手未見其功幸熟參之須觀得失

[illegible]　　凡西方道俗噉食之法淨觸事殊既飡一口即皆成觸

P.2001　　南海寄歸内法傳卷一并序　　（25—7）

非儀收去反觸僧縣家人還擎淨器此則空護淨未見其功華夏衆之須觀得失

四飡分淨觸

凡西方道俗噉食之法淨觸事殊既飡一口即皆成觸
所受之器無宜重將置在傍邊待了同棄所有殘食與應食之若更重收斯定不可
無問貴賤法皆同尔此乃天儀非獨人事故諸論云不嚼楊枝便利不洗食無淨觸將
以為鄙豈有器已成觸還將益送所有殘食却收入廚餘餅還覆甕中長鑊之羹
歸鐺內羹菜明朝更食餅菓後日飡食持律者頗識分疆流濁者雷同一概又
凡受齋供及餘飲食噉既其入口身即成觸要須淨漱口之後方得觸著餘人及餘
淨食若未澡漱觸他並成不淨其被觸人皆須淨漱若觸著狗犬亦須澡漱其嘗
食人應在一邊嘗訖洗漱口并洗嘗器方觸鐺釜若不尔者所作祈請及為禁術並無
効驗縱陳齋祭神祇不受以此言之所造供設欲獻三寶奉靈祇及尋常飲食皆
須清淨若身未淨澡漱及大小便利不洗淨者皆不合作食俗亦有云清齋方釋
奠剪爪宜侵肌拾塵或孔類如斯等類亦是淨事須清潔不以殘食而歆饗也
凡設供及僧常食須人撿校善待齋了恐時過者無論道俗雖未薦奉取分先食
斯是佛教許無罪咎比見儔侶明撿校者食多過午因福獲罪事未可也然五天之
地云與諸國有別異者以此淨觸為初基耳昔有北方胡地使人行至西國人多笑良
以便利不洗餘食內盆食時藪坐互相根觸不避猪犬不嚼齒木遂成譏議致行法
[illegible]飡食無淨觸其來久矣雖聞此說多未體儀自非

P.2001 南海寄歸内法傳卷一并序 （25—8）

以便利不洗餘食內盆食時蔴出互相根觸不避猪犬不齊齒木遂成譏議欲行法
者々極須存意勿以為輕然東夏食无淨觸其來久矣雖聞此說多未體儀自非
面言方能解悟

五食罷去穢　　食罷之時或以器承或在屏處或向渠竇或可
臨階或自持瓶或令授水手必淨洗口嚼齒木疏牙刮舌務令淨潔餘津若
在即不成齋然後以其豆屑或時將土水撚成泥拭其脣吻令無膩氣次取淨
瓶之水盛以螺盃或用鮮葉或以手承其器及手必須三屑淨揩豆屑土乾牛糞洗令
去膩或於屏隱淨瓶注口若居顯處律有遮文略漱兩三方乃成淨自此之前口津
无宜輒咽既破威儀咽々得罪乃至未將淨水重漱已來涎唾必須外棄若日過
午更犯非時斯則人罕識知縱使知護亦非易以此言之豆麴灰水誠難免過異
牙中食在舌上膩存智者觀斯理應存意豈容正食已了談話過時不棄津
淨瓶不嚼木終朝含穢竟夜招愆以此送終固成難矣其淨瓶水或遣門人
持授亦是其儀

六水有二瓶
凡水分淨觸瓶有二枚淨者咸用瓦瓷觸者任兼銅鐵淨擬非時飲用觸乃便利
所須淨手方持必須安著淨處觸乃觸手隨執可於觸處置之唯斯淨瓶及
新淨器所盛之水非時合飲餘器盛者名為時水中前飲即是无愆若於
午後飲便有過其作瓶法蓋須連口頂出尖臺可高兩指上通小穴麁如

午後飲便有過其作瓶法蓋須連口頂出尖臺可高兩指上通小穴麁如
銅箸飲水可在此中傍邊則別開圓孔擁口令上豎高兩指孔如錢許添
水宜於此處可受二三升成无用斯之二穴恐蟲塵入或可著蓋或以竹
木或將布葉而裹塞之彼有梵僧取製而造若取水時必須洗內令塵
垢盡方始納新豈容水則不分淨觸但畜一小銅瓶著蓋擬口傾水流散不
堪受用難分淨觸中間有垢有氣不堪停水一升兩合隨事皆闕其瓶袋
法式可取布長二尺寬一尺許角襵兩頭對處縫各於兩角頭連施一襻纔
長一桀內瓶在中挂髆而去乞食鉢袋樣亦同此上掩鉢口塵土不入由其
底尖鉢不動鉢轉其貯鉢之袋與此不同如餘處述所有瓶鉢隨身衣
物咸宜一肩通覆加沙擎傘而去此等並是佛教出家之儀有暇手觸
瓶并草履袋錫杖鐵杖進止安詳鳥喻月經雅當其况至如王城覺樹
鷲嶺鹿園娑羅鶴變之所蕭條鵲封之處礼制底時四方俱湊日觀千
數咸同此式若那爛陁寺大德多聞並皆乘轝無騎乘者及大王寺僉
亦同爾所有資具咸令人擔或遣童子擎持此是西方僧徒法式

七晨旦觀蟲

每於晨旦必須觀水水有瓶井池河之別觀察是非一准亦既天明先觀瓶水可

七晨旦觀蟲

每於晨旦必須觀水水有瓶井池河之別觀察是非一准亦既天明先觀瓶水可於白淨銅盞盞疊或贏杯漆器之中傾取掬許安堅塼上或別作觀水之木以手掩口良久視之或於盆罐中看之亦得蟲若毛端必須存念若見蟲者倒瀉瓶中更以餘水再三滌器無蟲方罷有池河處持瓶就彼瀉去蟲水濾取新淨者但有井准法濾之若觀井水汲出水時以銅盞於水罐中酌取掬許如上觀察若無蟲者通夜用若有同前濾漉池河觀水如廣律說凡濾水者西方用上白疊東夏宜密絹或以米揉或可微煮若是生絹小蟲直過可取熟絹笏尺四尺捉邊長挽襵取兩頭對使相著即是羅樣兩角施帶兩畔置鉤中安橫杖張開尺六兩邊繫柱下以盆承傾水之時罐底須入羅內如其不爾蟲隨水落墮地墮盆還不免死凡水初入羅時承取觀察有蟲即換須卻若淨如常用之水既足已即可翻羅兩人各提一頭翻羅令入施生器內上以水洗三遍外邊更以淋中復安水承取觀察若無蟲者隨意去羅此水經宵還須重察凡是經宿之水旦不看者有蟲無蟲律云用皆招罪然護生取水多種不同井處施行此羅最要河池之處或可安穊用陰陽瓶權時濟事又六月七日其蟲更細不同餘時生絹十重蟲亦直過

㮋用陰陽瓶權時濟事又六月七日其蟲更細不同餘時生絹十重蟲亦直過
樂護生者理應存念方便令免或作盂子羅亦是省要方等家多用銅作
咸是聖制事不可輕其施生器作小水罐令口直開於其底傍更安兩鼻
雙繩放下到水覆牽再三入水然後抽出若是寺家濾羅大僧无不合觸房
內時水亦復同然未受具人取方得飲非時飲者須用淨羅淨瓶淨器方堪
受用存生乃是佳戒可護中重十惡居首理雖輕忽水羅是六物之數不
得不持若行三五里无羅不去若知寺不濾水不合喫食渴死長途足為
龜鏡豈容恒常用水曾不觀察雖有濾羅蟲還死內假欲在救罕識其
儀井口之上翻羅未曉放生之器設令到水蟲死何疑特有作小圓羅纔受
一升兩合生絲薄絹元不觀蟲懸着鉢邊令他知見心无護命日之相懲師弟
相承用為傳法誠哉可歎良足悲嗟其觀水器人之自畜施生之罐在處須有

八朝嚼齒木

每日旦朝須嚼木揩齒刮舌務令如法盥漱清淨方行敬禮若其不然受他禮
悉皆得罪其齒木者梵云憚哆家瑟詫憚哆譯之為齒家瑟詫即是其
木長十二指極不減八指大如小指一頭緩須熟嚼良久淨刷牙關若也逼近尊
人宜將左手掩口用罷擘破屈而刮舌或可別用銅鐵作刮舌之篦或取竹木

第一册　伯二〇〇一至伯二〇〇九

木長十二指極不減八指大如小指一頭緩須熟嚼良久淨刷牙關若也逼近尊
人宜將左手掩口用罷擘破屈而刮舌或可別用銅鐵作舌之篦或取竹木
薄片如小指面許一頭纖細以剔斷牙屈而刮舌勿令傷損亦既用罷即可俱
洗棄之屏處凡棄齒木若口中吐水及以涕唾皆須彈指經三或時謦欬
過兩如不爾者棄便有罪或可大木破用或可小條截為近山莊者則可條葛
為先處平疇者乃楮桃槐柳隨意預收備擬无令闕之濕者即須他受
乾者許自執持少壯者任取嚼之耆宿者乃椎頭使碎其木條如苦澁辛
辢者為佳嚼頭成絮者為最麁胡藁根極為精也即蒼耳根并截取入地二三
寸堅齒口香消食去飲同之半月口氣頓除牙疼齒憊三旬即愈要須
熟嚼淨揩令涎癊流出多水淨瀨斯其法也次若能鼻中飲水一抄
此是龍樹長年之述必其鼻中不串口飲亦佳久而用之便少疾病然
而牙根穢積久成堅刮之令盡苦湯水淨漱更不開敗自至終身牙
疼西國迥无良為嚼其齒木豈容不識齒木名作楊枝西國柳樹全稀
譯者輒傳斯號仏齒木樹實非柳樹那蘭陁寺目自親觀既不取信於
他聞者亦无勞致或檢涅槃經梵本云嚼齒木時矣亦有用細柳條或五
或六全无嚼口內不解漱除或有吞汁將為殄病求清潔而返穢異去疾

法國國家圖書館藏敦煌文獻

P.2001　南海寄歸内法傳卷一并序　（25—13）

…聞者亦无勞致惑檢涅槃經梵本云嚼齒木時矣亦有用細枝或五

或六全无嚼口內不解漱除或有吞汁將為殄病求清潔而返穢冀去疾

而招痾或有斯亦不知非在論限然五天法俗嚼齒木自是恒事三歲童

子咸即教為聖教俗流俱通利益既申臧否行捨隨心

九受齋軌則

凡論西方赴請之法并南海諸國略顯其儀西方乃施主預前禮拜請僧齋

日來白時至僧徒器座量准時宜或可淨人自持或受他淨物器乃唯銅一

色須以灰末淨揩座乃各別小床不應連席相觸其床法式如第三章已

言若其瓦器曾未用者一度用之此成无過既被用訖棄之坑壍為其受觸

不可重收故西國路傍設義食處殘器若山曾无再用即如襄陽瓦器

食了更收向若棄之便淨法又復五天元无瓷漆瓷若油合是淨无疑其

漆器或時賈客將至西方及乎南海咸不用食良為受膩故也必若是

新以淨灰洗令无膩氣用亦應得其木器元非食物新者一用故是无愆

重觸有過事如律說其施主家設食之處地必牛糞淨塗各別

安小床也復須清淨坑邊預多貯水僧徒既至解開衣紐安置淨瓶即

看水若无虫用之灌足然後各就小床停息片時察時早晚日既

安小林坐復須清淨坑瓮稍多貯水僧徒已至解開衣紐安置淨瓶即
宜看水若無虫者用之灌足然後各就小林停息片時察時早晚既
將午施主白言時至法家乃返攝上衣兩角前繫下邊右攝在要條
若邊或屑或土澡手令淨或施主授水或自用君持隨時齋事重衣
踞座受以器葉以水略洗勿使橫流食前全呪願之法施主乃淨洗手足先
於大眾行初至聖僧供次乃行食以奉僧眾復於行末安食一盤以供呵利
底母神其母先身因事發願食王舍城所有兒子因其邪願捨身遂生
藥叉之內生五百兒日日每餐王舍城男女諸人白佛佛遂藏其稚子名曰愛
兒觸處覓之佛邊方得世尊告曰汝憐愛兒乎汝子五百一尚見憐況復
餘人一二而已佛因化之令受五戒為鄔波斯迦因請佛曰我兒五百今何食
焉佛言苾芻等住處寺家日日每設祭食令汝等充餐故西方諸寺
每於寺門屋處或在食廚邊素畫母形抱一兒子於其膝下或五或三
以表其像每日於前盛陳供養其母乃是四天王之眾大豐勢力其
有疾病無兒息者饗食薦之咸皆遂願廣緣如律此陳大意耳神州先
有鬼子母焉又復西方諸大寺處咸於食廚柱側或在大庫門前彫木
表形或二尺三尺為神王狀坐把金囊卻踞小林一腳垂地每將油拭

法國國家圖書館藏敦煌文獻

P.2001　南海寄歸内法傳卷一并序　（25—15）

名鬼子母焉。又復西方諸大寺處，咸於食廚柱側，或在大庫门前，彫木
表形戒或二尺三尺，為神王狀，坐把金囊，却踞小林，一脚垂地，每將油拭，
黑色為形，号曰摩訶哥羅，即大黑神也。古代相承云，是大天之部屬，性
愛三寶，護持五眾，使無損耗，求者稱情。但至食時，廚家每薦香火，所有飲食，
隨列於前。曾親見說，大涅槃處般彈那寺，每常僧食一百有餘，春秋二時
禮拜之際，不期而至，僧徒五百，臨中忽來，正到中時，無宜更煮。其知事
人告廚家曰：有斯倉卒，事欲如何？于時有一淨人老母而告之曰：此乃常事，
無勞見憂。遂乃多然香火，盛陳祭食，告黑神曰：大聖涅槃，尒徒尚在，四
方僧至，為禮聖蹤，飲食供承，勿令闕之，是尒之力，幸可知時。尋即總命大
眾令坐，以寺常食，次第行之，大眾咸足，其餐所長，還如常日。咸皆唱善，
讚天神之力。親行禮覲，故覩黑神，見在其前，食成大聚。問其何意，報此所由。
淮北雖復先無，江南多有置處，求者效驗，神道非虛。大覺寺目真鄰陀
龍亦同斯異矣。其行食法，先下薑鹽。薑乃一片兩片，大如指許；鹽則全匕
半匕，藉之以葉。其行鹽者，合掌長跪，在上座前，口唱三鉢羅佉哆，譯為
善至。舊云僧跋者，訛也。上座告曰：平等行食。意道供具善成，食時復至，准

P.2001　南海寄歸内法傳卷一并序　（25—16）

半〻藉〻以葉其行塩者合掌長跪在上座前口唱三鉢羅佉哆譯為
善至舊云僧跋者訛也上座告曰平等行食意道供具善成食時復至准
其字義合當如是然而佛與大眾受他毒食佛教令唱三鉢羅佉哆然後
方食所有毒藥皆變成美味以此言之乃是秘密言詞未必目其善至
東西兩音臨時任道并汾之地唱時至者頗有故實其受食之人必須
當前並足恭敬曲身兩手執器及以餅菓去手一磔即須懸放自餘器食
或一寸二寸若異此途理不成受隨受隨食无勞待遍等供食遍不是正
翻食罷隨意亦非聖說次授乾粇米餅并稠豆臛澆以熱蘇手攪令和
頭諸助味食用右手纔可半腹方行餅菓後乳酪及以沙糖渴飲冷水无
問冬夏此乃僧常食并設齋供大略皆尒然其齋法意在殷厚所餅食
盈溢盤盂蘇酪縱橫隨著皆受故佛在日勝軍王親供佛眾行其飯食及
以蘇酪乃至地皆流湧律有成文即其事也初東印度耽摩立底國依廉
素設供僧齋供時人止日若纔足而已何為不得然而古來相承設渠須盈
留若但滿腹者恐人致笑聞師從大國來處所豐贍若無盈長不如不設是
以還依彼法矣斯乃施心弘廣得報還豐多無乖理也必其貧窶及食罷
行襯隨力所能既其食了以片漱口咽而不棄將少水置器略淨右手然後

法國國家圖書館藏敦煌文獻

P.2001　南海寄歸内法傳卷一并序　（25—17）

以還依須行矣其人方以私房行業[illegible]

行觀隨力所能既其食了以片漱口咽而不弃將少水置器略淨右手然後

方起之時須以右手滿掬取食持將出外不簡僧私之物聖遣普施衆生未

食前呈律無成教又復將食一盤以上先亡及餘神鬼應食之類緣在鷲

山如經廣說可將其食向上座前跪上乃以片水灑而呪願曰

以今所修福　普霑於鬼趣　食已免極苦　捨身生樂處

菩薩所受用　無盡若虛空　施獲如是果　增長無休息

持將出外於幽僻處林叢之下或在河池之內以施先亡矣江淮閒設齋之

次外置一盤即斯法也然後施主授齒木供淨水此與漱之法如第五

章已述僧徒辭別之時口云所有福業悉皆隨喜然後散去衆僧咨

之自誦伽他更无法事食罷餘殘並任衆僧令小兒將去或施貧下隨

應食之或可時屬飢年或知施主慳者問而後取齋食无重收食法

此是西方一途受供之式或可施主延請同前於其宅中形像預設午時既

至普就尊儀蹲居合掌各自心念禮敬既訖食乃同前或可別令一人在

尊像前長跪合掌大聲讚佛（言長跪者謂是雙膝踞地豎兩足以支身舊云胡跪者

非也五天皆尔何獨道胡）唯歎佛德不雜餘言施主乃然燈散花一心虔敬香泥以

塗僧足燒香普馥无不別行鼓樂弦歌隨情供養方始如前准次淨食

P.2001　南海寄歸内法傳卷一并序　（25—18）

非也五天皆尒何獨道胡惟歎佛德不雜餘言施主乃然燈散花一心虔敬香泥以塗傳是燒香普馥無不別行鼓樂絃歌隨情供養方始如前准次淨食食罷將其瓶水遍灑衆前方施主略涌陁那伽他斯乃復是兩途西方食法然而西方噉嚼多與神州不同但可略據新律粗陳梗槩云尒律云半者蒲膳尼半者珂但尼蒲膳尼以含噉為義珂但尼即齧嚼受一若半者謂五也半者蒲膳尼應譯為五噉食舊云五正食者准義翻也一餅二麦豆餅三麨四肉五飯半者珂但尼應譯為五嚼食一根二莖三葉四花五菓其緣者若食初五後五必合不食若先食後五前五噉從隨意准知乳酪等非二五所收律云更不別有明非正食所攝若諸麵食豎匙不倒皆是餅飯所收乾麨和水指畫見跡者斯還五攝且如五天之地界分綿邈大略而言東西南北各百餘驛除其邊裔雖非盡能目擊故可詳而問知所有噉嚼奇巧非一北方足麵西邊豐麨摩揭陁國麪少米多南裔東垂與摩揭陁一類蘇油乳酪在處皆有餅菓之屬難可勝數俗人之流腥膻尚寡諸國並多粳米粟少黍無有甘瓜豐蔗芋乏葵菜足蔓菁然子有黑白比來譯為芥子押油充食諸國咸然其菜食之乃與神州蔓菁無別其根堅硬復與蔓菁不同結實粒麁復非芥子其猶枳橘因地遷形在

P.2001　南海寄歸内法傳卷一并序　（25—19）

別其根堅硬復与蔓菁不同結實粒麤復非芥子其摘根擣白地西形在
那爛陀與无行禪師共議懷疑未能的辯又五天之人不食諸虀及生菜之
屬由此人無腹痛之患腸胃和耎亦無堅強之憂矣
然南海十洲齋供更成殷厚初日將檳榔一裹及片子香油并米屑少許
並悉盛之葉器安大盤中白氎蓋之金瓶盛水當前瀝地以請衆僧令於後日
中前塗身澡浴第二日過午已後則擊鼓樂設香花延請尊儀棚車
輦幡旗映日法俗雲奔引至家庭張設帷蓋金銅尊像瑩飾皎然塗以香
泥置淨盤內咸持香水虔誠沐浴拭以香疊捧入堂中盛設香燈方為稱然後
上座為其施主說伽陀那伽他申述功德方始請僧出外澡漱飲沙糖水多噉檳
榔然後取散至第三日隅中入寺敬白時到僧洗浴已引向齋家重設尊儀
略為澡沐香花鼓樂倍於昨晨所有供養尊前並列於像兩邊各嚴童
女或五或十或可童子量時有無或擎香爐執金澡罐或捧香燈鮮花白拂
有粧臺鏡奩之屬咸悉將來佛前奉獻問其何意答是福田今不奉
獻後寧希報以理言之斯亦善事次請一僧座前長跪讚歎佛德次復
別請兩僧各昇佛邊一座各誦小經半紙或一紙或慶像成其點佛睛以求勝福然後

P.2001　南海寄歸内法傳卷一并序　（25—20）

歡後寧希報以理言之斯亦善矣次請一僧座前長跪讚歎佛德
別請兩僧各昇佛邊一座各誦小經半紙或一紙或慶像形共點佛睛以求勝福然後
隨便各就一邊反稱袈裟（袈裟乃是梵語即是乾陀色元來不干東語何勞下底置衣若依律文典語三衣並名支伐羅）
兩角前繫澡手就飡威儀法式牛糞塗地觀水灑足及所飡
敷行食法用並與西方大同然其別者頗兼三淨耳並不縫葉為盤寬如半
席貯粳米餅一升亦用為器受一斤許各向僧處當前授與次第諸食有
三二十盤此乃貧窶之輩也若是王家及餘富者並授銅盤銅器梳及
以葉器大如席許餅饌飲食數盈百味國王乃捨尊貴位自稱奴僕與僧
授食虔恭徹致隨著皆受更無遮法若但取足而施主心復不使見其
盈溢方成意滿粳米餅則四升五升餅果等則三盤兩盤其親屬隣伍
之家咸齎助供或餅或飯羹菜非一然一人殘食可供三四若盛設者十人
食亦未盡其所殘食皆任眾僧令淨人將去然而神州齋法與西國不同
所食殘餘主還自取僧輒將去理成未可設出家之人相倚而動知足不
辱無勞施心必若施主決心不擬重取請僧將去者任量事斟酌眾僧食
亦既食了盥漱又畢乃掃除食令地清淨布以花燈燒香散馥持所施物
列在眾前次行香泥如梧子許僧各揩手令使香潔次行檳榔豆蔻糅

法國國家圖書館藏敦煌文獻

P.2001　南海寄歸内法傳卷一并序　（25—21）

亦既食了盥漱又畢乃掃除食令地清淨布以花燈燒香散馥持所施物
列在衆前次行香泥如梧子許僧各揩手令使香潔次行檳榔豆蔻糅
以丁香龍腦咀嚼能令口香亦乃消食去癊其香藥等皆須淨瓶水洗以鮮
葉裹授与施主上座前或就能者以著紫瓶水如銅箸連注不絕下以器
承師乃手中執花承其注水口誦陀那伽他初須佛說之頌後通人造任情
多少量時為度須稱施主名願令富樂復持現福迴為先亡後為皇王次
及龍鬼願國土成熟人物又安釋迦聖教住而莫滅其伽陀譯之如別斯乃
世尊在日親為呪願但至食罷必為特欹拏伽他是將施物供奉之義特欹尼野
即是應合受供養人是故聖制每但食了必須誦一兩陀那伽他報施
恩（梵云達那鉢底譯為施主陀那是施鉢底是主而云檀越者本非正譯略去那字取上陀音轉名為檀更加越字意道由行檀捨自可越度貧窮妙釋雖然終乖西本舊云達儭者訛）
若不然者既違聖教不銷所飡或餘食法時有行處然後行其儭物或作
意樹以施僧或造金蓮花以上佛鮮花齊膝白氎盈牀過午或講小經
或時連夜方散辭別之時口云娑度娑度兼唱阿奴謨柂娑度即事目善哉
阿奴謨柂譯為隨喜凡見施他或見已作皆同此說意者前人既呈隨後慶
讚俱招福利矣此是南海十洲之途受供法式初日檳榔請僧第二日隅中
浴佛像午時食罷齊暮講經斯則處中者所務或可初日奉齒木以

P.2001　南海寄歸内法傳卷一并序　（25—22）

浴仏像午時食罷齊暮講経斯則處中者所務式可初日奉齒木以
請僧明日但直設齋而已可就僧礼拜言申請白斯乃貧乏流也然北方
諸胡覩貨羅及速利國等其法復別施主先呈花蓋供養制底大衆旋
繞令唱導師廣陳呪願然後方食其花蓋法式如西方記中所陳矣斯等
雖復事有疎繁食兼廣略然而僧徒軌式讓淨手食大徒法則兼皆相
似衆僧或有投乞食但著三衣設他來請或奉金寶并如濾法屏跡
鶴林矣即如東夏齋法遺蹤請僧明朝不來啓白准如聖教似不慇
懃必是門徒須教法式若行赴供應將濾羅僧所用水並可觀察既其食
了須嚼齒木若口有餘膩即不成齋雖復飢腹終宵詎免非時之過幸
可看西方食法儀從東川得不之宜自然明白無暇詳述智者當思豈
識論之曰然無上世尊大慈悲父愍生淪溺歷三大而翹懃冀使依行現
七紀而揚化以為住持之本衣食是先恐長塵勞嚴施戒檢制在聖意理
可尊行反輕心道其無罪食啟不知受觸但護婬戒一條即云我是無罪
之人何勞更須學律唱嘆看肌無不閑情直至門空將為佛意寧知諸
戒非仏意焉一貴一輕出乎意斯門徒遂相踵習判不窺看戒経寫得
兩卷門空便為理苞三不思咽之當有流瀆之苦誰知步々現招賊住之殃

P.2001　南海寄歸内法傳卷一并序　（25—23）

戒非仏意焉一貴一輕出乎意斷門徒遂相踵習判不窺看戒經寫得
兩卷門空任為理匝三不思咽ゝ當有流潛ゝ苦誰知步ゝ現招賊住ゝ殃
浮囊不洩乃是菩薩本心勿輕小愆還成最後之唱理合大小雙修方順
慈尊之訓防小罪觀大空攝物澄心何過之有或恐自迷誤衆准教聊陳一
隅冀法信是非虛典何見實宜應半月說戒洗懺恒為勸誡門徒日三禮白
仏法住世日ゝ衰微察已童年所觀乃與老時全異目驗斯在幸可存心
夫飲食之累乃是常須幸願敬奉之倫無輕聖教且重曰聖教八
萬要唯一二外順俗途內凝真智何謂俗徒奉為禁已尊何謂真智見
意境俱弃遵勝諦而無著蠲緣生之有累勳積集於多修證圓成
之ゝ妙義豈容不習三藏教理俱迷罪若恒河ゝ之巨量妄道已證於
菩提菩提是覺或累皆亡不生不滅號曰真常寧得同居苦海湯說
我西方常離欲希戒淨為基護囊穿之ゝ小隙慎針穴之ゝ大非大之首
衣食多爭奉仏教則脫解非遙慢尊言乃沉淪自久聊題行法略述
先模咸依聖撿豈曰情當幸無嫌於直說庶有疑蓋於疑徒若不
確言其進不誰復輒鑒於精麁

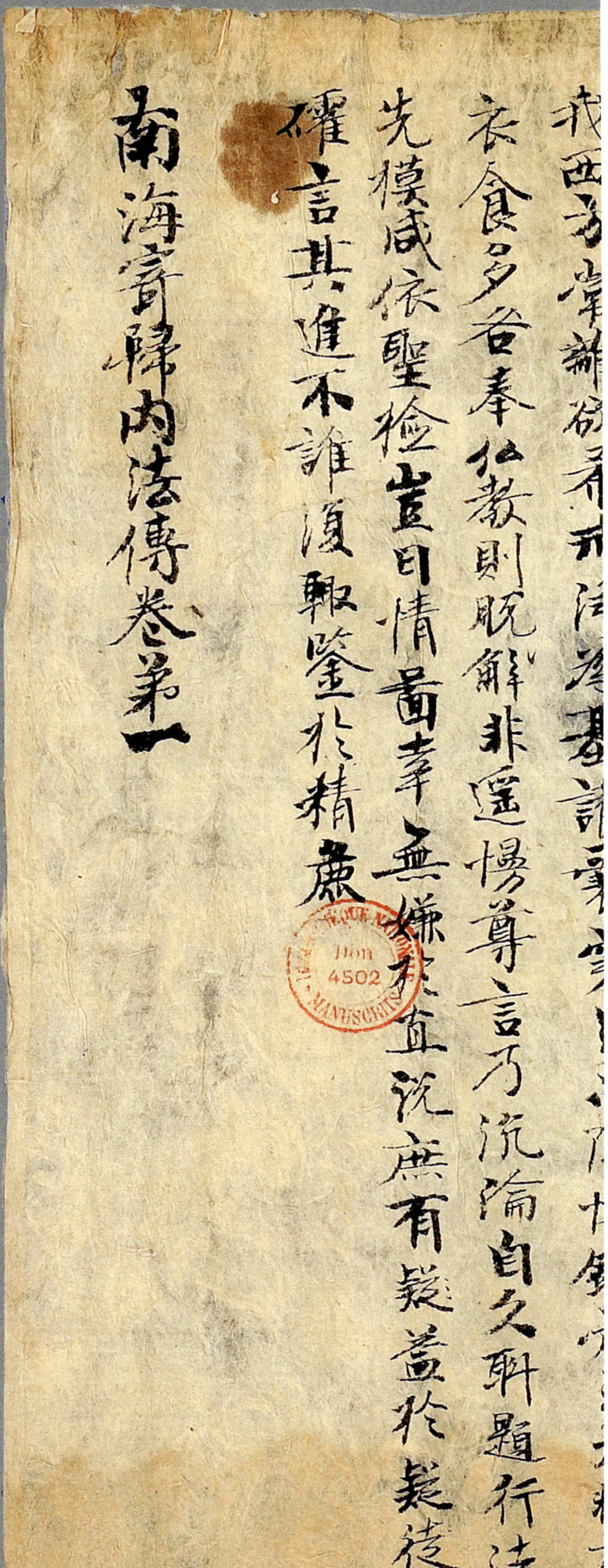

衣食多㕘奉佛教則既解非遥慢尊言乃流淪自久所題行法略述

先模咸依聖檢豈曰情當幸無嫌[illegible]直說庶有益於疑徒若不

羅言其進不誰復輒鑒於精麁

南海寄歸內法傳卷第一

P.2001　南海寄歸内法傳卷一并序　（25—25）

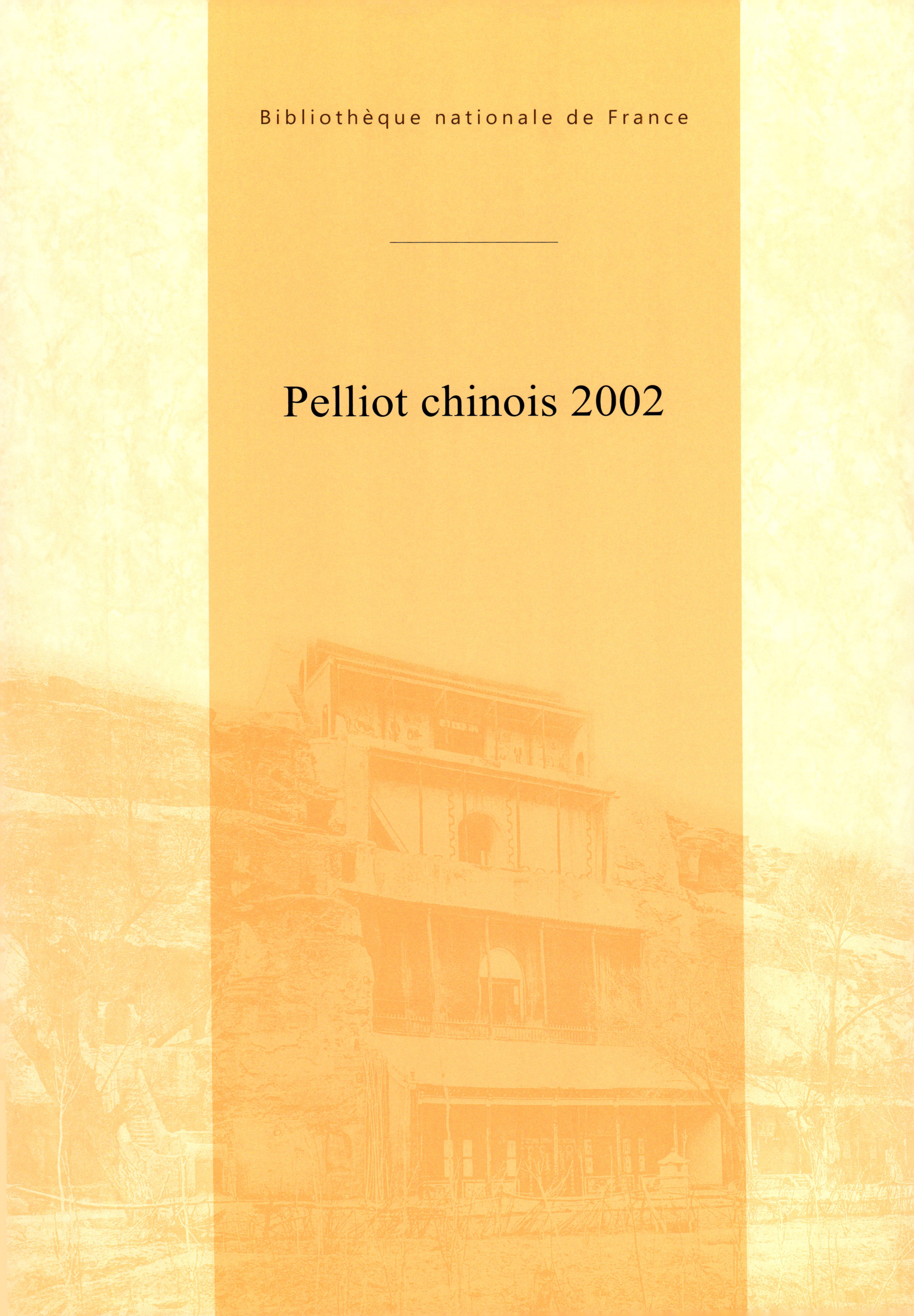

Bibliothèque nationale de France

Pelliot chinois 2002

其德将日明天帝有其德将日亭萬物有
其德将日寧天人有其德将日清四象无其
德則裂萬道无其德則失三景无其德則歇
九晨无其德則逸萬物无其德則滅若明上
妙則德一能用玄德萬事畢 一百八十一字
无為道德无皇妙有為道德文人空无為
德无君上妙為道德无尊𡨋妙之道為德
淵源𡨋微之道為德之根泯泯不息運之无
極未天未地廿四神其中矣三合成象其功
至妙五合明德曰儆上妙空无中應清澄妙
无明真廿有四妙有清凝神功用妙則廿四
明運妙應清涼凝真則飛玄飛凝其中廿

无[illegible]

无寶不形萬物无寶不生天有寶則長存地
有寶則長久萬物有寶等三元是以三寶有
道而玄德道應運也九真鎮也上妙齊也身
自明也 二百七字

大道初應无先開明於冥漠功用在於眇滞
致此四象成焉光象定焉玉景應焉上妙中
元一焉亦大亦妙亦久亦微亦齊亦空亦无
清凝真妙洞妙其曰衆妙光相玄應十方清
澄瑞應俱應四象清凝明運功用成就天地
大象猶不稱有道玄象亦不敢明道四象亦
不稱道妙德為道德玄德為智德上德為慧
德神德為通至德洞聖德乃容其德乃功實
實而應六德咸同稱不稱有道之人德之德

P.2002 無上金玄上妙道德玄經 （10—1）

德神德爲道至德洞聖德乃容其德乃功亹
亹而應六德咸同猶不稱有道也天德不德
地德无德萬物稱德其不德也其道不長其
德不久天高不勉崩地厚不勉淪道无名德
无形非陰非陽非炁非緒真空眇眇无㝵无
隔應運无窮妙化无終妙无融融臣道將自
功　二百卅二字
玄中有玄上妙爲衆妙之淵十方天地至真
大聖及得萬物以道爲光相以德爲瑞應光
相能莊嚴瑞應能成就道是衆妙之經德爲
不妙之緯十方之内名曰域十方之外爲玄
極天地之閒曰盈天地之外曰清經爲四象
之圖緯爲四象[illegible]

一則長久一爲天地之璣衡亦致長烟於天
已亦致焘洲於萬物道處衆妙之首衆妙終
悉道爲玄德 一百五十八字
竆无竆空其妙自功開妙則萬道一應妙則
天地一運妙則萬物一萬道依於妙天地歸
於妙萬物憑於妙萬道无妙不明妙爲萬法中
王妙則洞虚洞空洞淵洞源洞清洞通洞真
[illegible]玄洞神洞无其爲衆洞上妙衆妙之妙真
已洞明十洞迴周十方无所不洞无所不通
其曰空妙道玄容以此功用長存也道應无
名天地將自化道運无形萬物將自成長不
可極曰道久不可窮曰德玄不可測曰妙知
道將爲正知德將爲聖知妙則真矣則至室

P.2002 無上金玄上妙道德玄經 （10—2）

可極曰道久不可窮曰德玄不可測曰妙知
道将爲正知德将爲聖知妙則真矣則至空
入則至道矣天圓爲萬物蓋地方能載而爲
不長久萬歲之靈其神将朽千齡之神其死
不去是以道隱則萬道僞道應而萬法正得
吾道者寧定失吾道者億劫将之泯泯終於
死生之内其爲罪鬼穢之神衆僞不除則非
道衆累不盡則非真天如輪難轉地如車難
乘風如烝難御无如烟難凴唯道乘之爲相
輪之車運於十方之功用也可不大哉 三百五字
虚无自然道寧其中上妙明於王高妙无應
於玉虚妙有運於玉靈道自然金元洞明德

景用於妙有曰三元運於長烟曰九天竆於
无間曰八景澄於九清曰九玄凝於始運曰
九地造於太混曰九靈道以妙覺曰光相德
以正真曰光象世天地處一光象長存萬物
象一精明長久真人處一登上妙其德正真
百五十二字
玉高為四象之精魄玉靈為四象之靈三字百凡
玉高為四象之精魄玉靈為四象之靈魂萬
道歸玉高萬象依玉靈玉高中有妙天地憑
之而有成玉靈中有神萬物因之而有形成體
形歸於道形竆歸於德玉高處乎无景而有
以玉靈知於洞景而有用妙无竆而天地清妙
有竆而萬物寧道應妙无其功任所德應
妙有其用虵虵王所玄道虵虵皆同正歸竆

第一册　伯二〇〇一至伯二〇〇九

P.2002　無上金玄上妙道德玄經　（10—3）

妙有其用融融任所玄通融融皆同並歸寂
空寂空中元一也其道上妙德亦自然其運
自然其曰无上无下无窮无極其功難測真
无極大焉一百五十八字
正道則正寂正真則正法正教則正化正應
則正運此則至空至寂至妙至道妙道在其
中也道應亦其中也道運亦其中也玉高雖
妙依於道玉靈終由道无高明於道虛皇應
於道元始運於道道應萬道正萬道正則寂
妙定則得洞天洞地洞虛洞无洞幽洞冥真
曰冥室之寂空寂空正妙其中上妙則妙覺
也弥玄羣方之上空妙无以朗之未悟妙有

漠无所不通至於道也太混既判清凝豁然
自然憑道凝住若非憑道其將還混是以道
應天地成道運萬物形萬象不依道則滅萬
化不依道則絶萬道不歸道則泄萬法不依
則不正萬善不依則不定二百卅八字
虛玄大冠者道上妙應也則使太混以判四
象清澄天地若鏡萬象若鏡萬物若鏡幽虛
清凝天如相輪地如靈鑑萬物寓其中萬品
萬類萬形萬象揔處其閒皆得清涼之運而
得成就上下清凝竒妙妙无妙竒竒妙妙有
應於明運神澄自然无色无炁萬行俱備无
諸氣職是道應也正道上妙之運當有莊嚴

P.2002　無上金玄上妙道德玄經　（10—4）

應於明運神澄自然无色无炁萬行俱備无
諸炁穢是道應也正道上妙之運當有莊嚴
之功亦在其中當有光相亦在其中當有瑞
應亦在其中當有功用亦在其中當有四象
亦在其中當有三景亦在其中當有九晨亦
在其中當有至真大聖无極尊神亦在其中
當有玉皇玉帝天帝象帝十方諸天天帝亦
在其中當有真仙飛仙上聖神仙靈仙天仙
地仙真人玉女亦在其中當有九微九皇九
无亦在其中當有萬道亦在其中當有萬象
亦在其中當有萬法萬教萬化萬福萬善萬
行萬品亦在其中當有十方諸天宮殿城臺
亦在其中當有天人品類萬物亦在其中當

融融无所不容其功大也道之應也德之運

也 三百卌一字

道應上上明空空无空有真妙上妙妙曰玄

穿穿應常容容容穿空空有上空十方玄同上

十空中十空下十空迴周百億真曰十方玄

極通極妙空无中曰道道妙衆妙曰真妙妙

運有功功曰靈玄運運成功由妙運成由玄

運清凝上妙玄應明運運中玄通通應无窮

通由光應容由光相上由威明中由光景下

由靈相成此光象合爲大象其中一世妙在

於玉高應在於玉靈運在於玉景其虛无无

中曰精妙妙甚窈甚冥其有靈非恍非忽

P.2002　無上金玄上妙道德玄經　（10—5）

中曰精妙妙甚窈甚冥其有靈非恍非忽
其中有物分濁分清明運有成非不恍忽物
混爲一應則數矣運則判矣分一萬象備矣
歸一則萬象合同一矣及一則非正道正道
則一矣其爲道紀自然也 二百卌二字
大道應則沖沖天地之運寂妙融融自然之
化天地憑之爲一大也致得清凝妙也天地
若非憑之則混爲一天地有劫運矣萬物有
三灾矣故知天地不久萬物不久其體空无
所以寄寓於道是以道大德久不處大者終
於天地也不處久者萬物也上一中一下一同
以无一爲上妙正道中一尊也非无不應非

恐之无長久何然哉由不勉大劫世安能長
久也故以長久之言者以接引於萬物吾恐
之絕思道斷還而无逕矣有道之君能以空
心存於妙鏡栖神上妙竅空竅妙中者妙亦
應尔心道真成矣身相清凝神亦澄矣其
真竅妙則登於大竅至道妙鏡也故知无道之
君與道絕矣滅將至在於死生中其神苦其
爽毒其鬼徒方存正道弗及也道正其真妙
道應則十方清凝矣道運則天地清涼也妙
正凝然自然凝住為衆妙中妙鏡正道焉 三百廿三字
上妙玄經十三章真解有二千八百廿四字
无上金玄上妙道德玄經中　　自然靈智大覺品

第一冊　伯二〇〇一至伯二〇〇九

P.2002　無上金玄上妙道德玄經　（10—6）

无上金玄上妙道德玄經中　自然靈智大覺品
天尊告元高虛皇元始天寶玉皇曰斯經尊
妙功德无量真曰大乎其功巍巍堂堂功用
長久上妙无窮其任至重无所不容成就十
方天地方圓瑩發三景九晨之光象莊嚴至
真大聖尊神靡所不周无所不備致周十方
四象清澄奇妙清凝而得成象於是清涼五
億五万五千五百五十五億万重天地俱得
成就光景洞徹普得光明无量衆聖俱然玄
應自然凝任清凝洞妙各各品位而得分判
安置成立嶷然虛峙皆由是經功德使之然
也

上上

賞錄玄經藏而錄之永保明運應於來劫无量之劫中也令以相付可不尊而奉焉

於是金玄上妙道德元皇三真則叉手作礼稱善尓時十方俱明諸天至真大聖无量之衆一時惟憙踊躍光明映照中外光明清澄清凝清涼俱得上妙自然玄應成就也

无上金玄上妙道德元皇丈人元君三真巡空三周而住金玄上妙道德玉章誦曰

大道无名形　妙无真寂空　玄德空无景
寂然自虛冲　妙无中天尊　妙有自然功
道妙德亦妙　上妙寂寂中　不動亦不涌
四象並齊蒙　虛寂寂微累　十方皆清凝

P.2002　無上金玄上妙道德玄經　（10—7）

道妙德亦妙　上妙窮窮中　不動亦不治

四象並齊蒙　虛窮窮微果　十方皆清凝

清涼玄應運　妙有自繩繩　妙窮道真大

德久清且澄　形无象亦无　功用妙難稱

明運感光妙　成就非三乘　身相真妙鏡

光明自有恒　莊嚴天地功　衆聖並飛淩

妙道窮妙妙　俱妙亦俱升　大窮中真妙

上妙无能勝

无上金玄上妙道德妙通玉章誦曰

道瑞德亦應　未天未地先　獨挺玉高上

非炁亦非烟　明運建大功　開妙盡光妍

妙有中有靈　妙无真自然　八應四象立

十應並金身　功造洹沙衆　天寶妙為真

萬道非妙窮　道妙非真神　[illegible]

光明十方現　投光天尊前　莊嚴七寶相

上妙妙玄玄

无上金玄上妙道德妙運玉章誦曰

大道應无先　上妙甚澄清　開明冥漠內

玄運若虛征　倏忽飛凝定　八十四中靈

上妙天寶運　非象妙无形　妙无中真寶

明運流金成　妙有玉寶功　清凝難為名

長存天地運　並從妙玄經　清涼四象亙

虛凝自虛亭　三无方始造　妙覺塵沙形

功應无方外　十方並流明　道乘玄无始

乘此若飛軿　周迴无景上　大混以凝清

落落四象分　億億皆齊升　威光照十外

P.2002　無上金玄上妙道德玄經　（10—8）

豁落四象分　億億皆齊光　威光照十外
大久自然榮　寂寂上妙鏡　道應永長亨
諸天並登位　稽首慶劫齡
金玄上妙道德元皇三真誦畢則迴心作礼
稽首天尊左迴復位寂妙寂然靜真於是天
尊告元高高上天寶玉皇曰金玄上妙道德
元皇文人元君三真乃從太寂妙无妙有中
而来應我明運也其真上妙則與玄經同應
是以上妙玄經有其位也令以是三真貫録
大道金玄上妙玄經則為玄經中大法玉矣
金以天寶真寶玉寶而為萬法中玉上首
於是元高高上天寶玉皇則叉手作礼稱善
左迴巡虛三周而作自然金玄上妙玉章誦

三寶其中遊　清凝光相好　妙運无暫留
豁然四象判　澄澄隨空浮　玉高常寂妙
妙應未常休　玉景玉皇運　上妙妙亦周
玉靈開三明　来運甚攸攸　正道明正寂
正一空寂寂　正法真中王　正教无改易
正化天地立　正應真利益　流明十方焕
正運靡不歷　萬道寓寂下　妙應方澄滌
十洞並光明　天地從運来　億億河沙衆
玄應自同齊　虚玄大冠中　相輪以三迴
无色无炁緒　靈瑞自然開　莊嚴成就功
妙中妙妙哉
无高高上天寶玉皇誦畢則朝天尊巡虚復

P.2002　無上金玄上妙道德玄經　（10—9）

无高高上天寶玉皇誦畢則朝天尊巡虛復
位升遐
道言天寶玉皇自然金玄上妙玉章誦者其
文乃出玄經中也故以鎮玄經中矣十方至
真大聖有得玉章而誦其章者其真自然
□相清澄光相具足諸天朝慶真玉惟悅金
玄玉章侍衛形神清凝上妙聖智洞達六慧
通明萬道設礼聲暢遠妙十方聞響莫不俱
到同會虛空凝住恭礼叉手稱讚也光明玄
映有經之身其妙自然真爲上妙而得登乎
大遐也真曰遐焉
道言玄經妙重其真自然其功上妙其德无

自然清凝微妙立在湏洟真曰上妙无上无
極妙中之妙難可稱焉自非天尊妙應玄應
十方諸天莫之聞也
道玄玄經常有无上金玄上妙金靈玉童卌
万人侍衛真文燌百和自然之香散五霞
流雲之華以慶真文玄經也寶之戍真泄慢
之者失道殃至矣十方至真大聖真人玉女
諸天上章天王天人真仙飛仙大神靈仙神
天仙地仙真人等可慎之試之試之者也

上金玄上妙道德玄經中品

P.2002　無上金玄上妙道德玄經　（10—10）

P.2002v　白畫菩薩金剛供養人相撲者像（總圖）　（一）

P.2002v　白畫菩薩金剛供養人相撲者像（總圖）　（二）

P.2002v　白畫菩薩金剛供養人相撲者像（總圖）　（三）

P.2002v　1. 白畫金剛像　（15—1）

P.2002v　1. 白畫金剛像　（15—2）

P.2002v　1. 白畫金剛像　（15—4）

P.2002v　1. 白畫金剛像　（15—5）

P.2002v　2. 白畫供養人像稿　（15—6）

P.2002v　2. 白畫供養人像稿　（15—7）

P.2002v　3. 白畫觀音菩薩頭像　（15—8）

P.2002v　3. 白畫觀音菩薩頭像　（15—9）

P.2002v　4. 白畫脅侍菩薩像　（15—10）

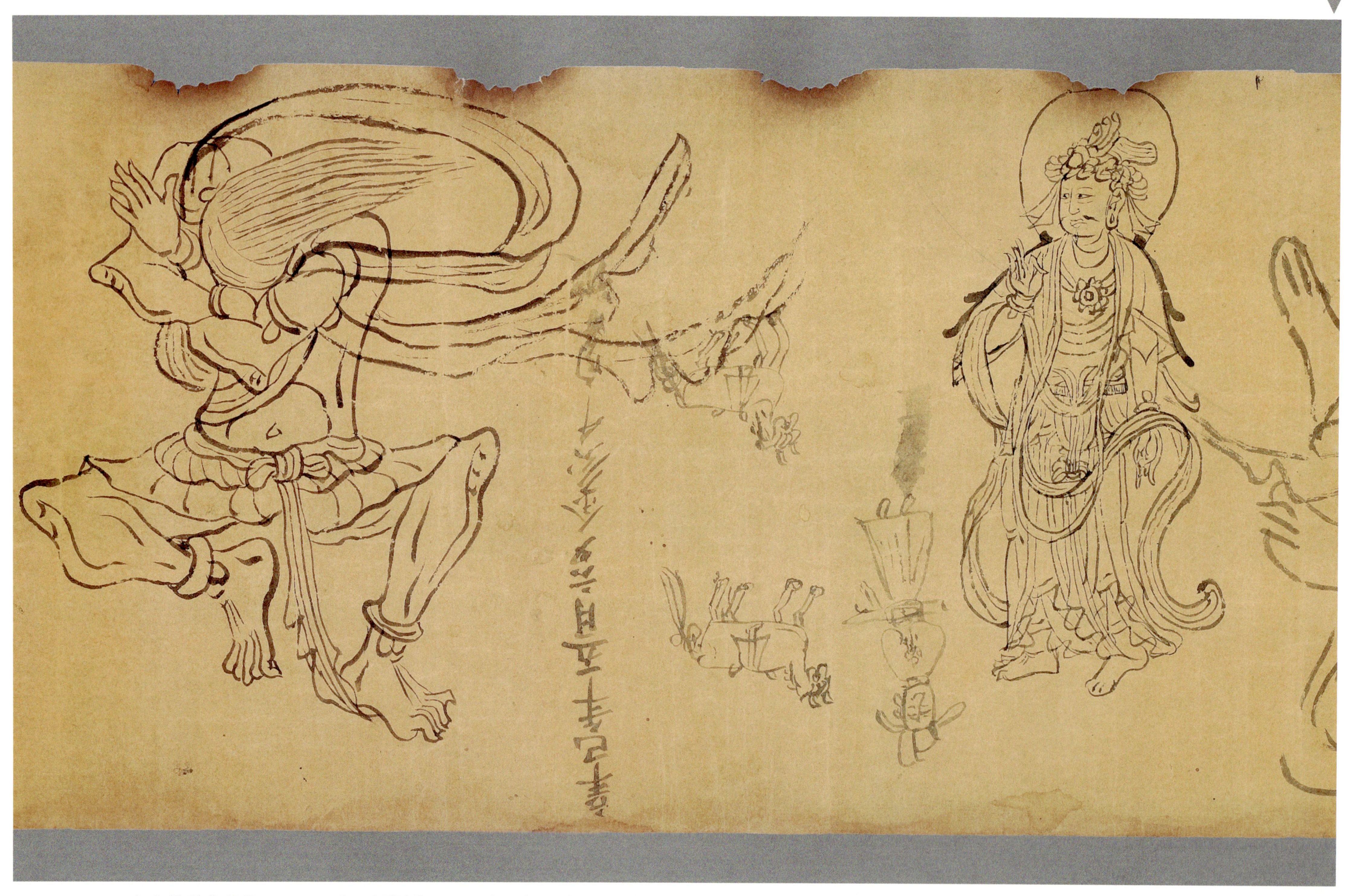

P.2002v　5. 白畫供養菩薩像　6. 一人二馬圖稿　7. 辛巳年五月六日題記　8. 白畫金剛像　（15—11）

P.2002v 9. 白畫人像稿 （15—12）

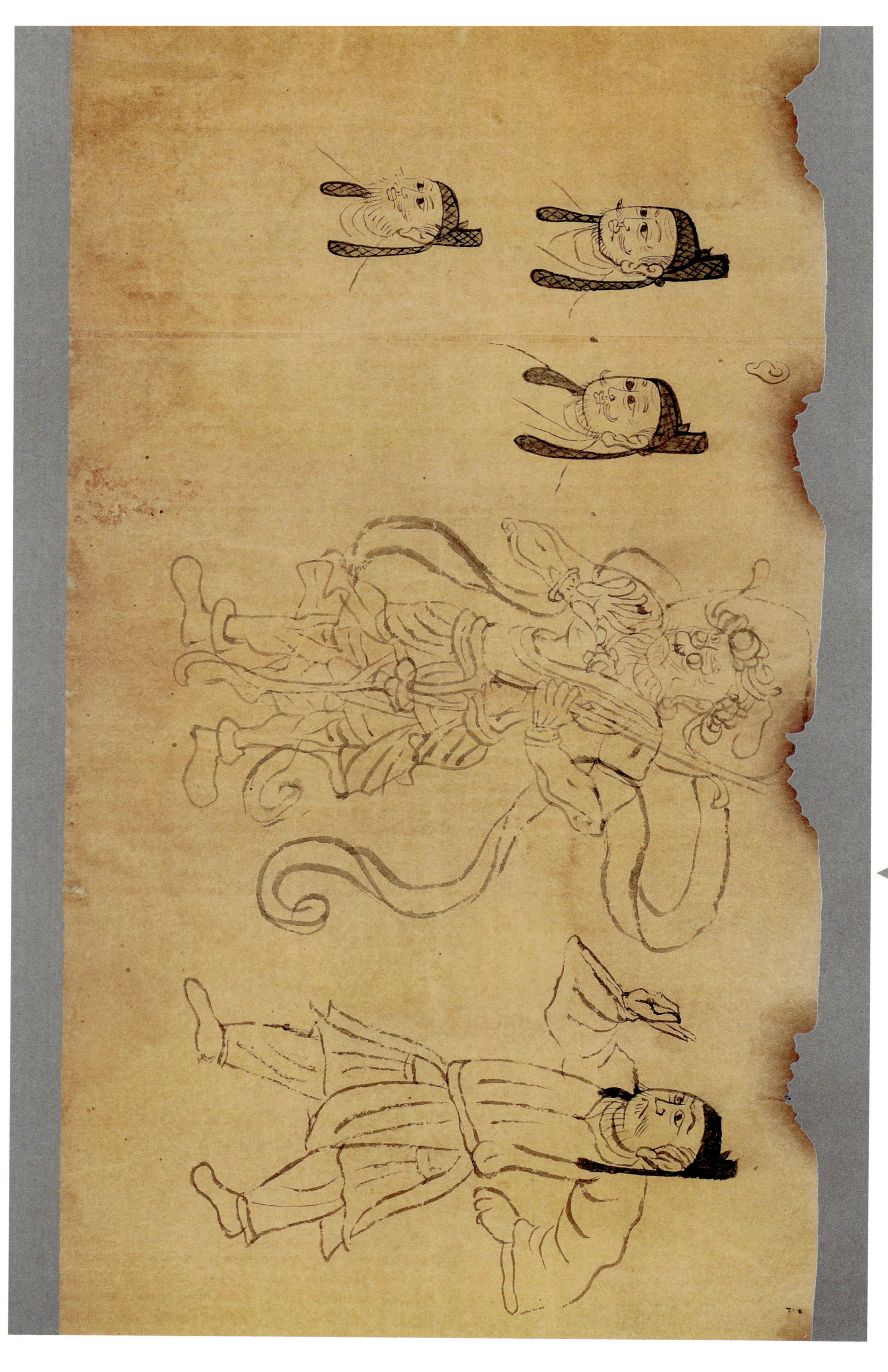

P.2002v　10. 白畫金剛像　11. 白畫人像稿　（15—13）

P.2002v　11. 白畫人像稿　12. 白畫相撲稿　（15—14）

P.2002v　11. 白畫人像稿　12. 白畫相撲稿　（15—15）

P.2002v　　1. 白畫金剛像（局部圖）

P.2002v　　1. 白畫金剛像（局部圖）

P.2002v　　3. 白畫觀音菩薩頭像（局部圖）

P.2002v　　4. 白畫脅侍菩薩像（局部圖）

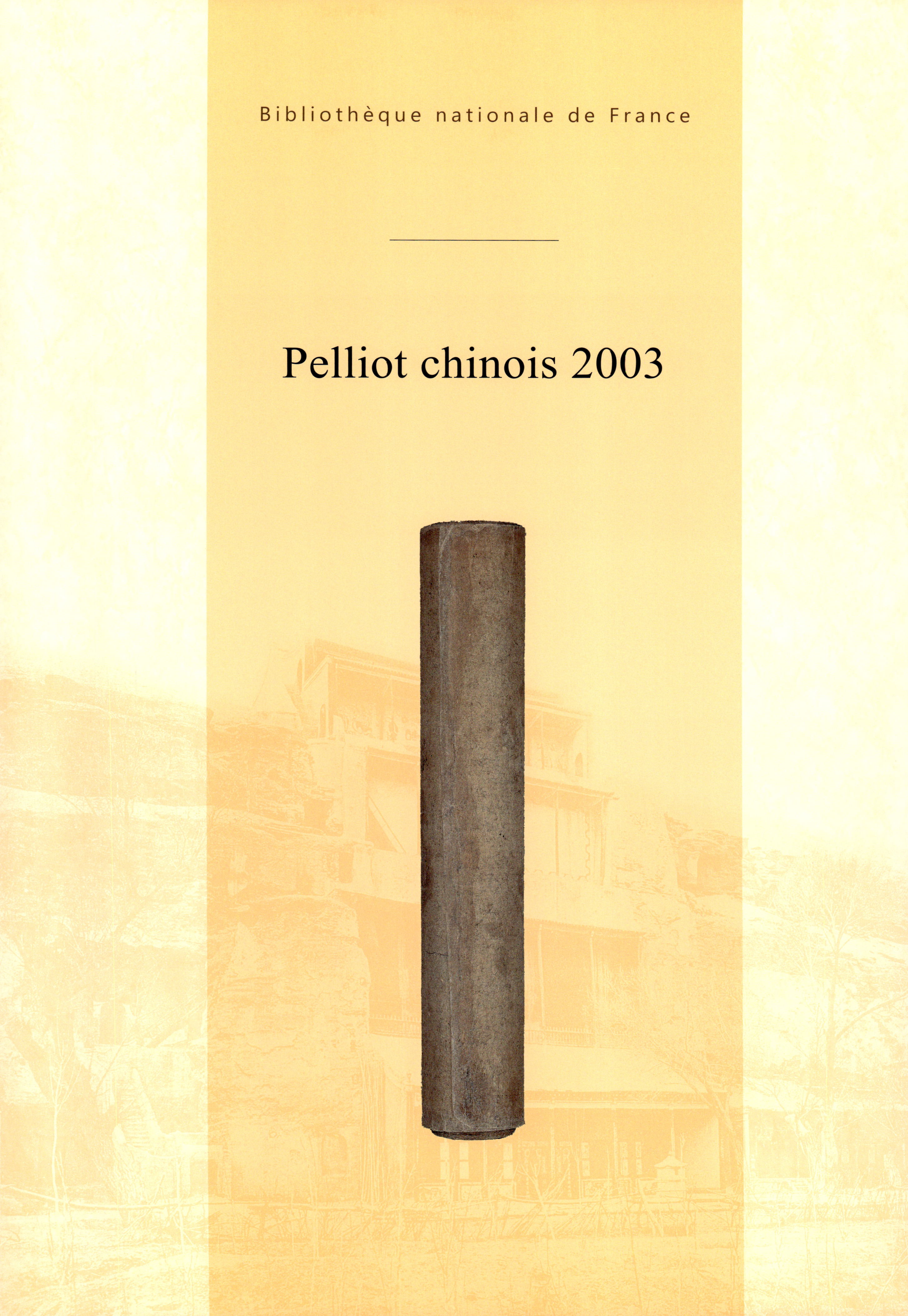

Bibliothèque nationale de France

Pelliot chinois 2003

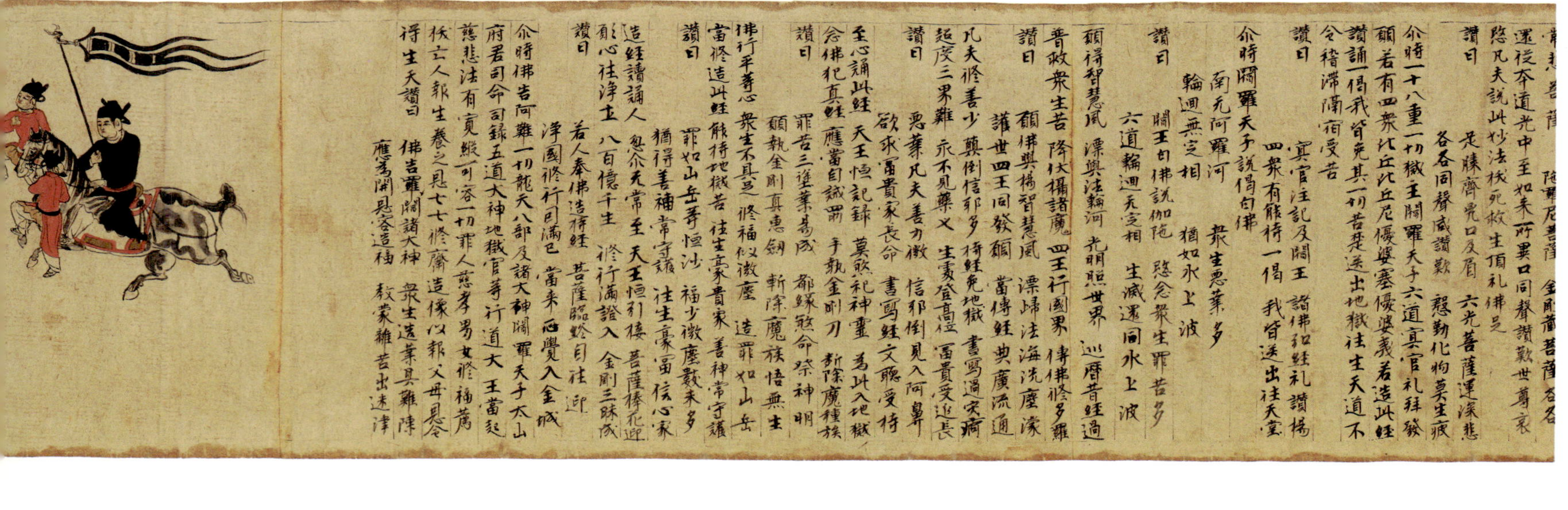

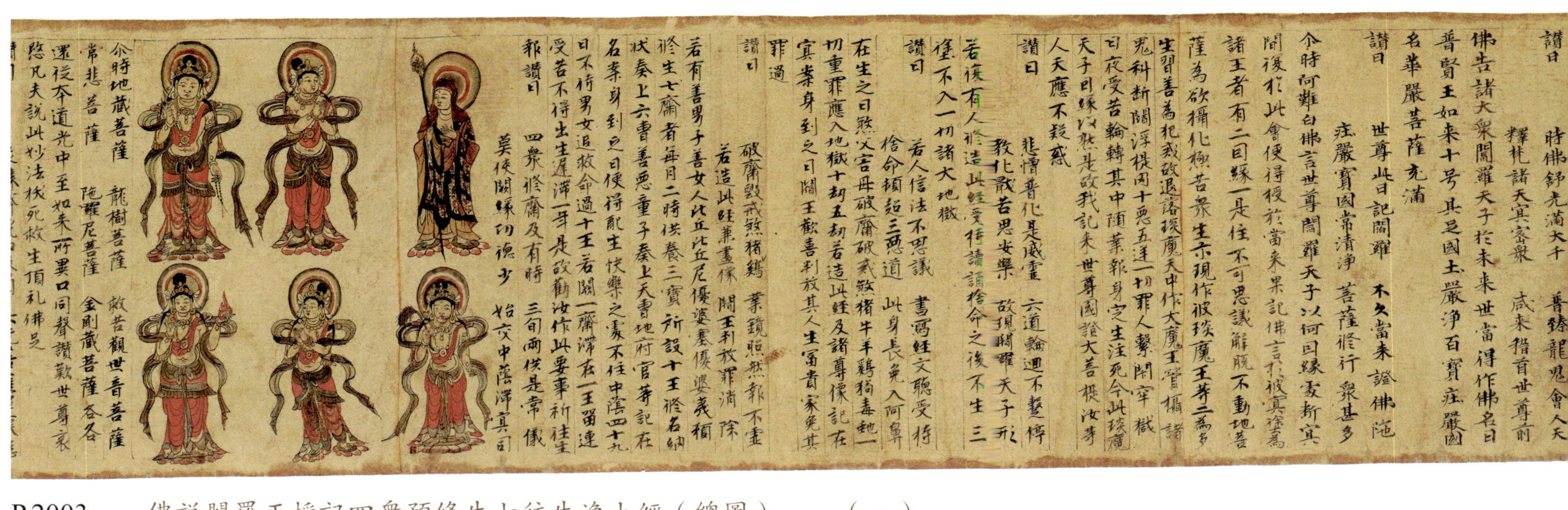

P.2003　佛説閻羅王授記四衆預修生七往生淨土經（總圖）　（一）

P.2003　佛説閻羅王授記四衆預修生七往生淨土經（總圖）　（二）

第三七日過宋帝王
讚曰
亡人三七轉恓惶　始覺冥途險路長
各各點名知所在　群群驅送五官王

第四七日過五官王
讚曰
五官業秤向空懸　左右雙童業簿全
轉重豈由情所願　低昂自任昔因緣

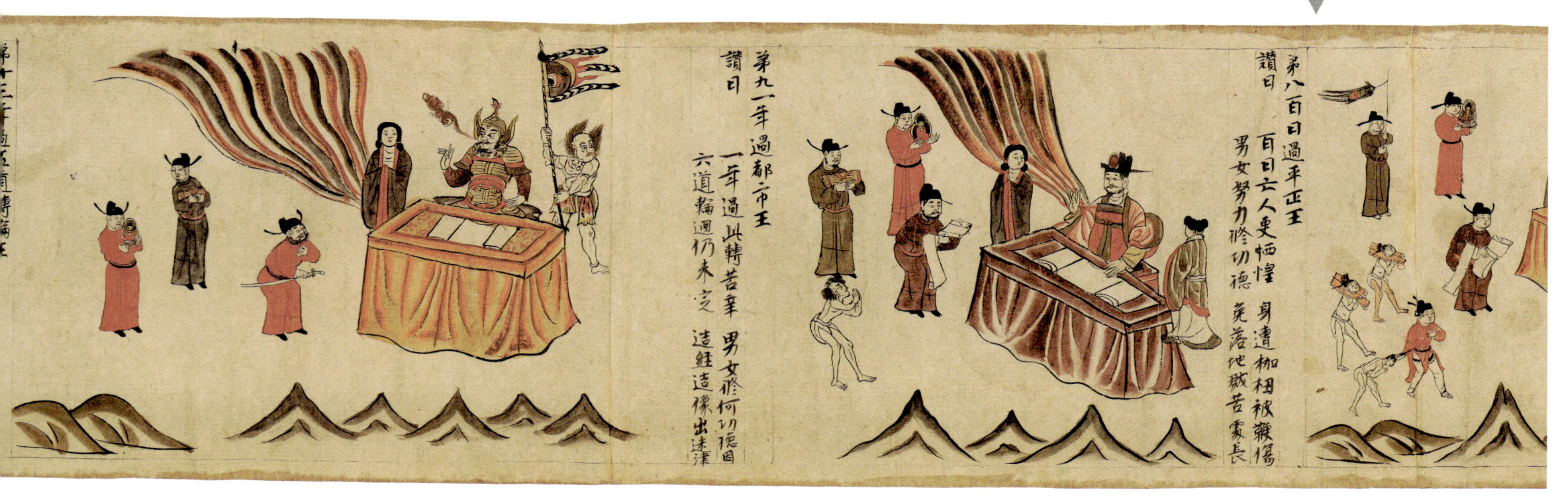

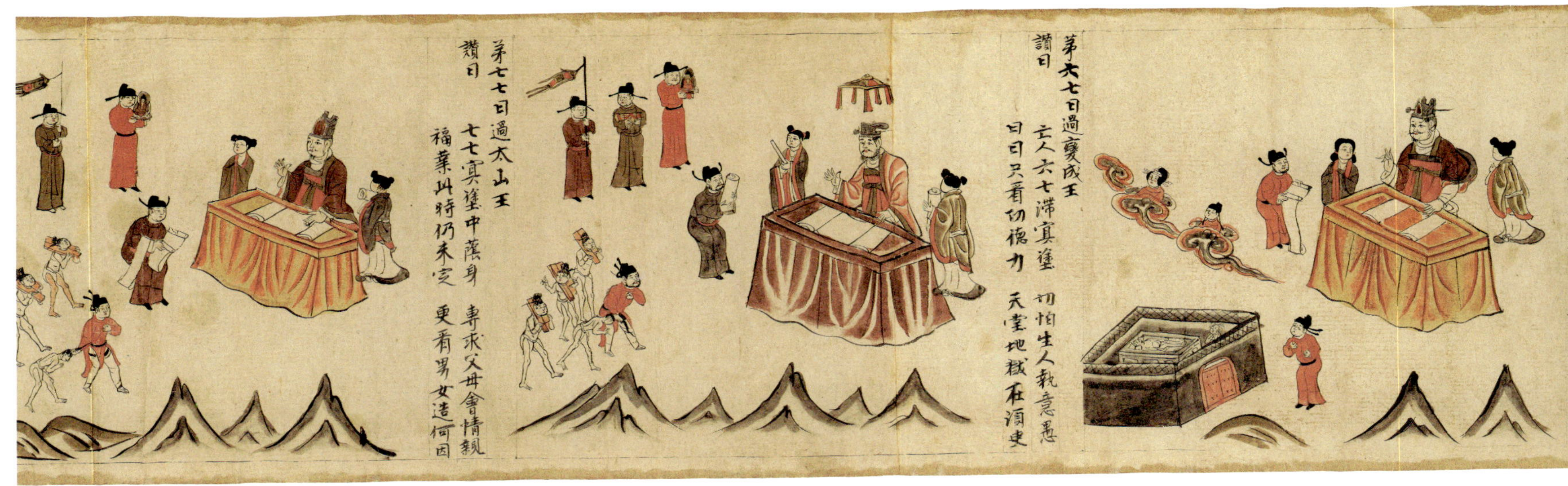

P.2003　佛説閻羅王授記四衆預修生七往生淨土經（總圖）　（三）

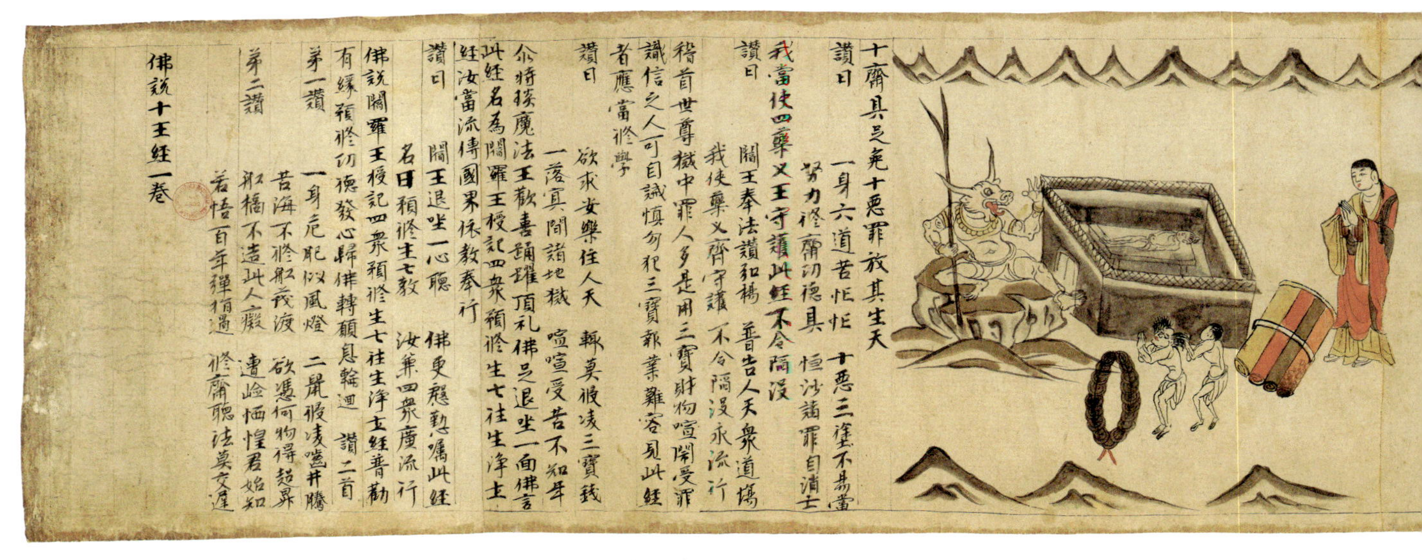

P.2003　佛説閻羅王授記四衆預修生七往生淨土經（總圖）　（四）

Pelliot chinois
Touen-houang 2003

P.2003　佛説閻羅王授記四衆預修生七往生净土經　（15—1）

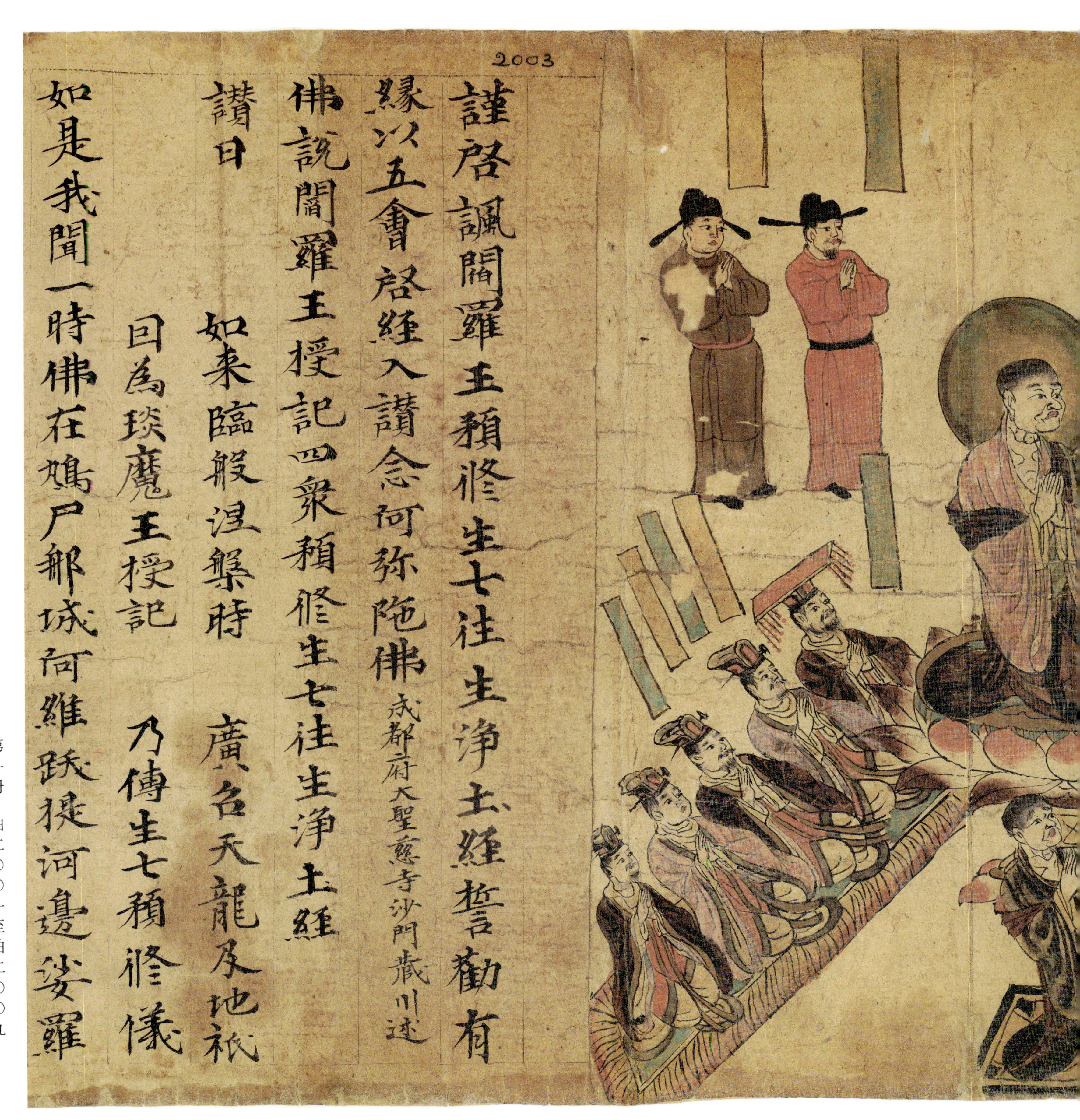
2003

謹啓諷閻羅王預修生七往生浄土經誓勸有
緣以五會啓經入讚念阿弥陁佛 成都府大聖慈寺沙門藏川述
佛說閻羅王授記四衆預修生七往生浄土經
讚曰
如来臨般涅槃時　廣召天龍及地祇
因為琰魔王授記　乃傳生七預修儀
如是我聞一時佛在鳩尸那城阿維跋提河邊娑羅

P.2003　佛說閻羅王授記四衆預修生七往生浄土經　（15—2）

[illegible]為琰魔王授記　乃傳生七預修儀

如是我聞一時佛在鳩尸那城阿維䟦提河邊娑羅雙樹間臨般涅槃時舉身放光普照大衆及諸菩薩摩訶薩天龍神王天主帝釋四天大王大梵天王阿修羅王諸大國王閻羅天子太山府君司命司録五道大神地獄官典悉来集會礼敬世尊合掌而立

讃曰

時佛舒光滿大千　普臻龍鬼會人天
釋梵諸天冥密衆　咸来稽首世尊前

佛告諸大衆閻羅天子於未来世當得作佛名曰普賢王如来十号具足國土嚴淨百寶莊嚴國名華嚴菩薩充滿

讃曰

世尊此日記閻羅　不久當來證佛陁
莊嚴寶國常清淨　菩薩修行衆甚多

[illegible]

諸王者有二因緣一是住不可思議解脫不動地菩
薩為欲攝化極苦衆生示現作彼琰魔王等二為多
生習善為犯戒故退落琰魔天中作大魔王管攝諸
鬼科斷閻浮提內十惡五逆一切罪人繫閉牢獄
日夜受苦輪轉其中隨業報身定生注死今此琰魔
天子因緣以熟是故我記來世尊國證大菩提汝等
人天應不疑惑

讚曰　悲憎普化是威靈　六道輪迴不蹔停
教化厭苦思安樂　故現閻羅天子形

若復有人修造此經受持讀誦捨命之後不生三
塗不入一切諸大地獄

讚曰　若人信法不思議　書寫經文聽受持
捨命頓超三惡道　此身長免入阿鼻

在生之日煞父害母破齋破戒煞豬牛羊雞狗毒蛇一
切重罪應入地獄十劫五劫若造此經及諸尊像記在

第一冊　伯二〇〇一至伯二〇〇九

P.2003　佛說閻羅王授記四衆預修生七往生淨土經　（15—3）

切重罪應入地獄十劫五劫若造此經及諸尊像記在
冥案身到之日閻王歡喜判放其人生富貴家免其
罪過

讚曰

破齋毀戒煞猪鷄　業鏡照然報不虛
若造此經兼畫像　閻王判放罪消除

若有善男子善女人比丘比丘尼優婆塞優婆夷預
脩生七齋者每月二時供養三寶所設十王脩名納
狀奏上六曹善惡童子奏上天曹地府官等記在
名案身到之日便得配生快樂之處不住中陰四十九
日不待男女追救命過十王若闕一齋滯在一王留連
受苦不得出生遲滯一年是故勸汝作此要事祈往生
報讚曰

四衆脩齋及有時　三旬兩供是常儀
莫使闕緣功德少　始交中陰滯冥司

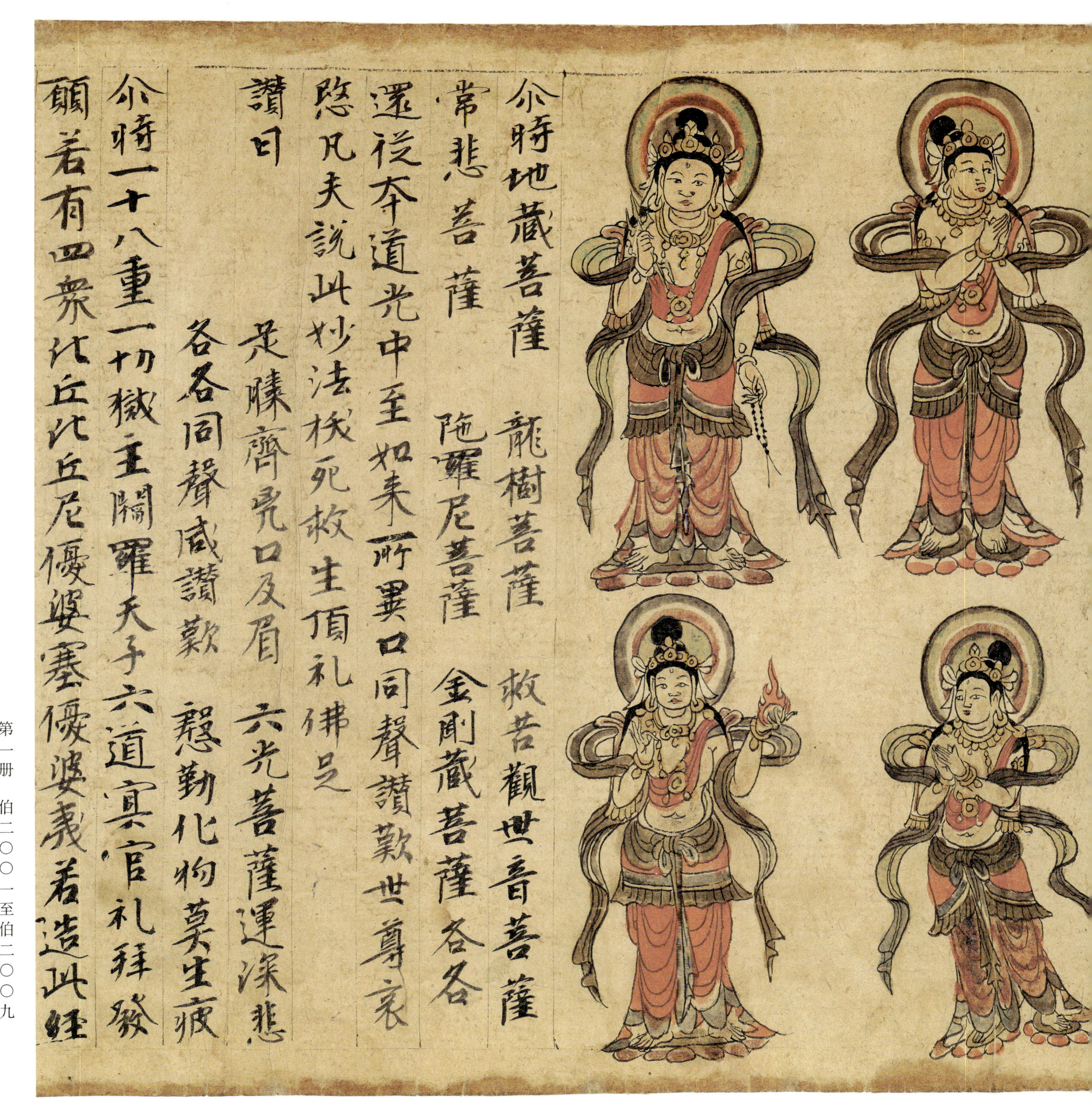

P.2003　佛説閻羅王授記四衆預修生七往生浄土經　（15—4）

願若有四衆比丘比丘尼優婆塞優婆夷若造此經
讚誦一偈我皆免其一切苦楚送出地獄往生天道不
令稽滯隔宿受苦

讚曰

冥官注記及閻王　諸佛弘經礼讚揚
四衆有能持一偈　我皆送出往天堂

尒時閻羅天子説偈白佛

南无阿羅河　衆生悪業多
輪迴無定相　猶如水上波

讚曰

閻王白佛説伽陁　愍念衆生罪苦多
六道輪迴无定相　生滅還同水上波

願得智慧風　漂與法輪河　光明照世界　巡歴昔經過
普救衆生苦　降伏攝諸魔　四王行國界　傳佛修多羅

讚曰

願佛興揚智慧風　漂歸法海洗塵濛
護世四王同發願　當傳經典廣流通

凡夫修善少　顛倒信邪多　持經免地獄　書寫過災痾

欲求富貴家長命　書寫經文聽受持
至心誦此經　天王恒記錄　莫煞祀神靈　為此入地獄
念佛犯真經　應當自誡罰　手執金剛刀　斬除魔種族
讚曰　罪苦三途業易成　都緣煞命祭神明
願執金剛真惠劍　斬除魔族悟無生
佛行平等心　衆生不具足　修福似微塵　造罪如山岳
當修造此經　能持地獄苦　往生豪貴家　善神常守護
讚曰　罪如山岳等恒沙　福少微塵數未多
猶得善神常守護　往生豪富信心家
造經讀誦人　忽尒无常至　天王恒引接　菩薩捧花迎
隨心往淨土　八百億千生　修行滿證入　金剛三昧成
讚曰　若人奉佛造持經　菩薩臨終自往迎
淨國修行圓滿已　當來正覺入金城
尒時佛告阿難　一切龍天八部及諸大神　閻羅天子太山
府君司命司錄五道大神地獄官等　行道大王當起
慈悲法有寬縱　可容一切罪人慈孝男女修福薦

P.2003　佛説閻羅王授記四衆預修生七往生淨土經　（15—5）

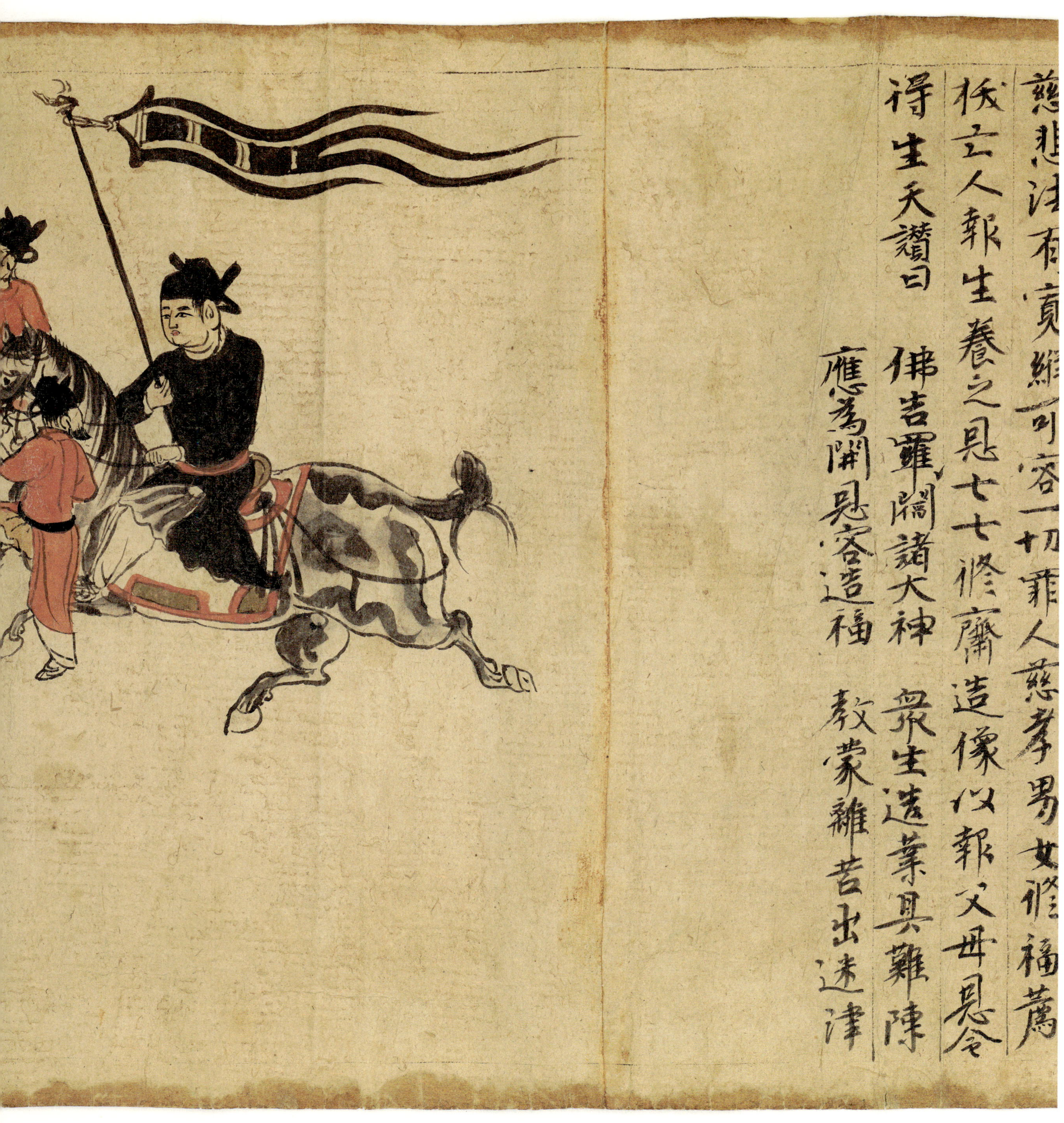

慈悲法有寬縱可容一切罪人慈孝男女修福薦
拔亡人報生養之恩七七修齋造像以報父母恩令
得生天讚曰
佛告羅闍諸大神　衆生造業具難陳
應為開恩容造福　教蒙離苦出迷津

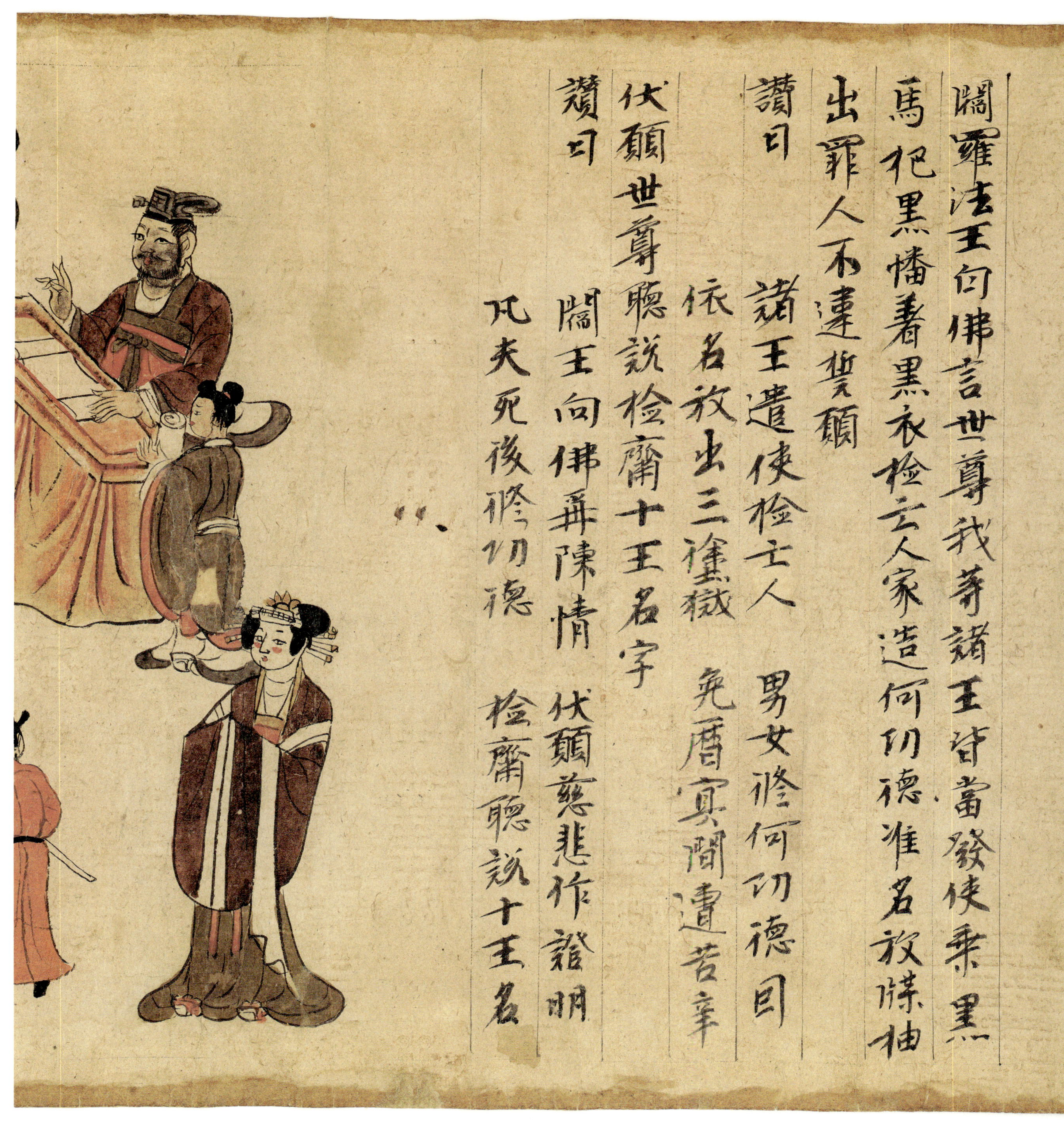
閻羅法王白佛言世尊我等諸王皆當發使乘黑
馬把黑幡著黑衣檢亡人家造何功德准名放牒抽
出罪人不違誓願
讃曰
諸王遣使檢亡人　男女修何功德因
依名放出三塗獄　免曆冥間遭苦辛
伏願世尊聽說檢齋十王名字
讃曰
閻王向佛再陳情　伏願慈悲作證明
凡夫死後修功德　檢齋聽說十王名

P.2003　　佛說閻羅王授記四衆預修生七往生淨土經　　（15—6）

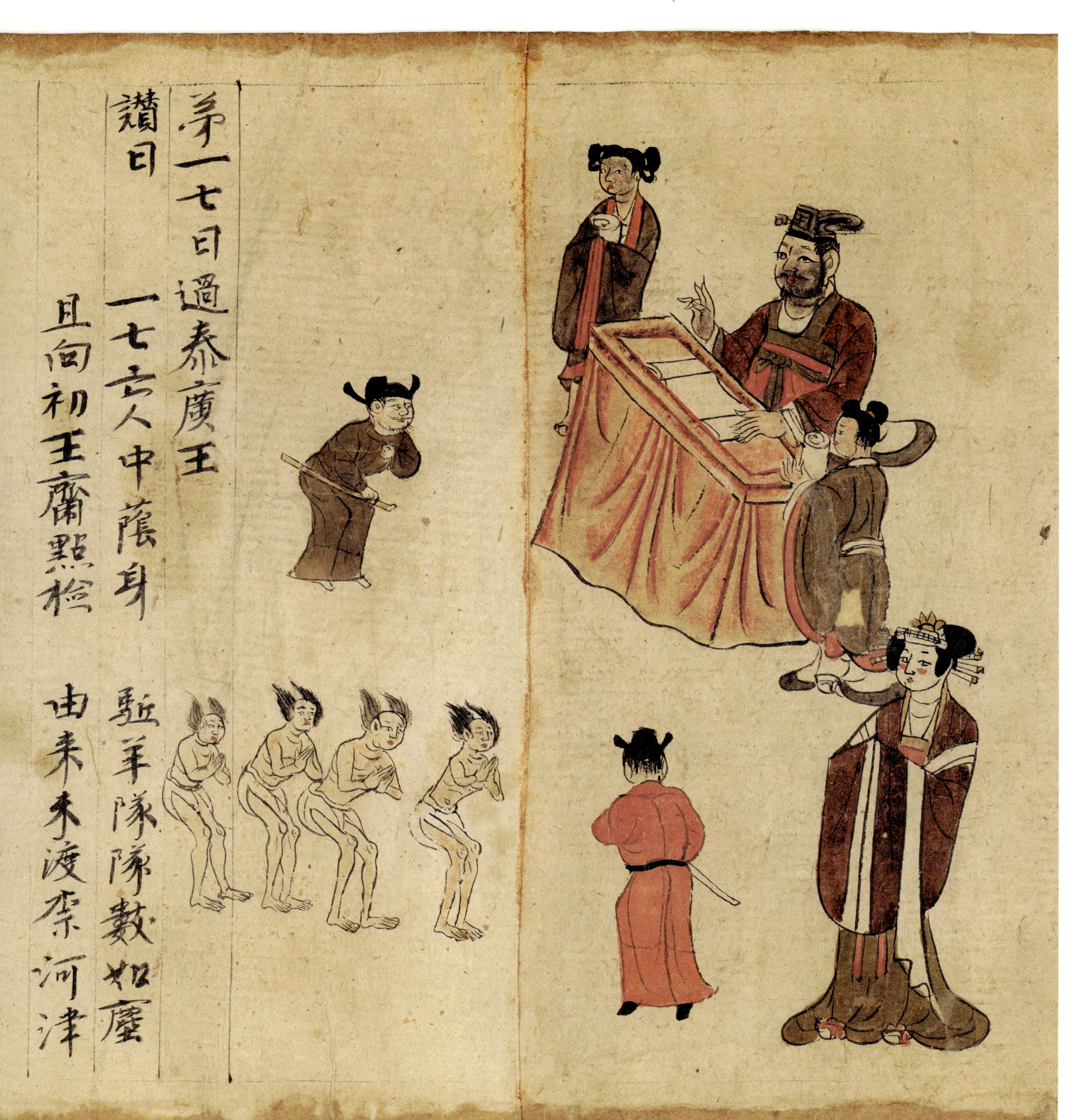
苐一七日過秦廣王
讚曰
一七亡人中蔭身
駈羊隊隊數如塵
且向初王齋點檢
由来未渡柰河津

P.2003　佛説閻羅王授記四衆預修生七往生净土經　（15—7）

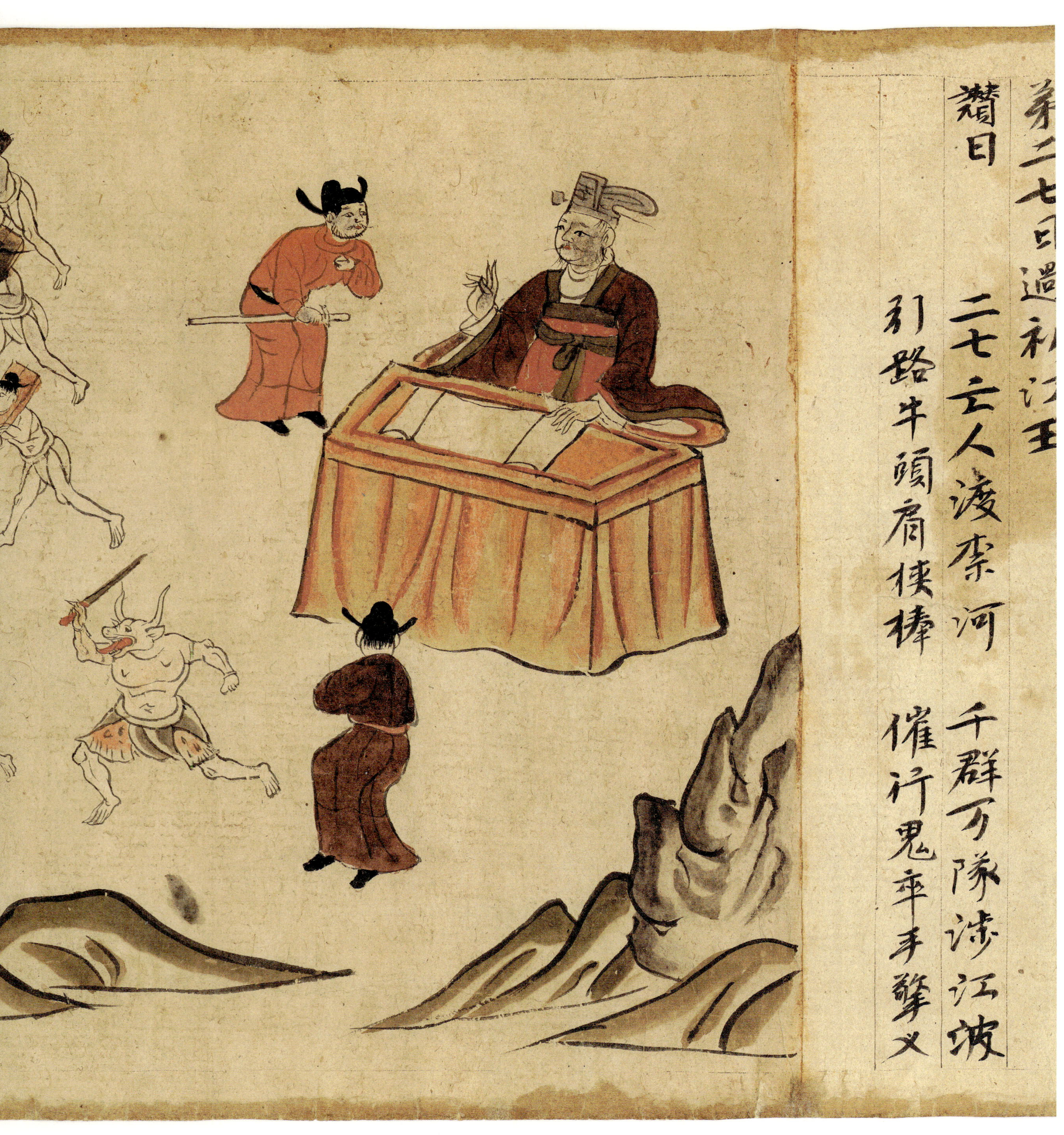
第二七日過初江王
讚曰　二七亡人渡柰河　千群万隊涉江波
引路牛頭肩挾棒　催行鬼卒手擎叉

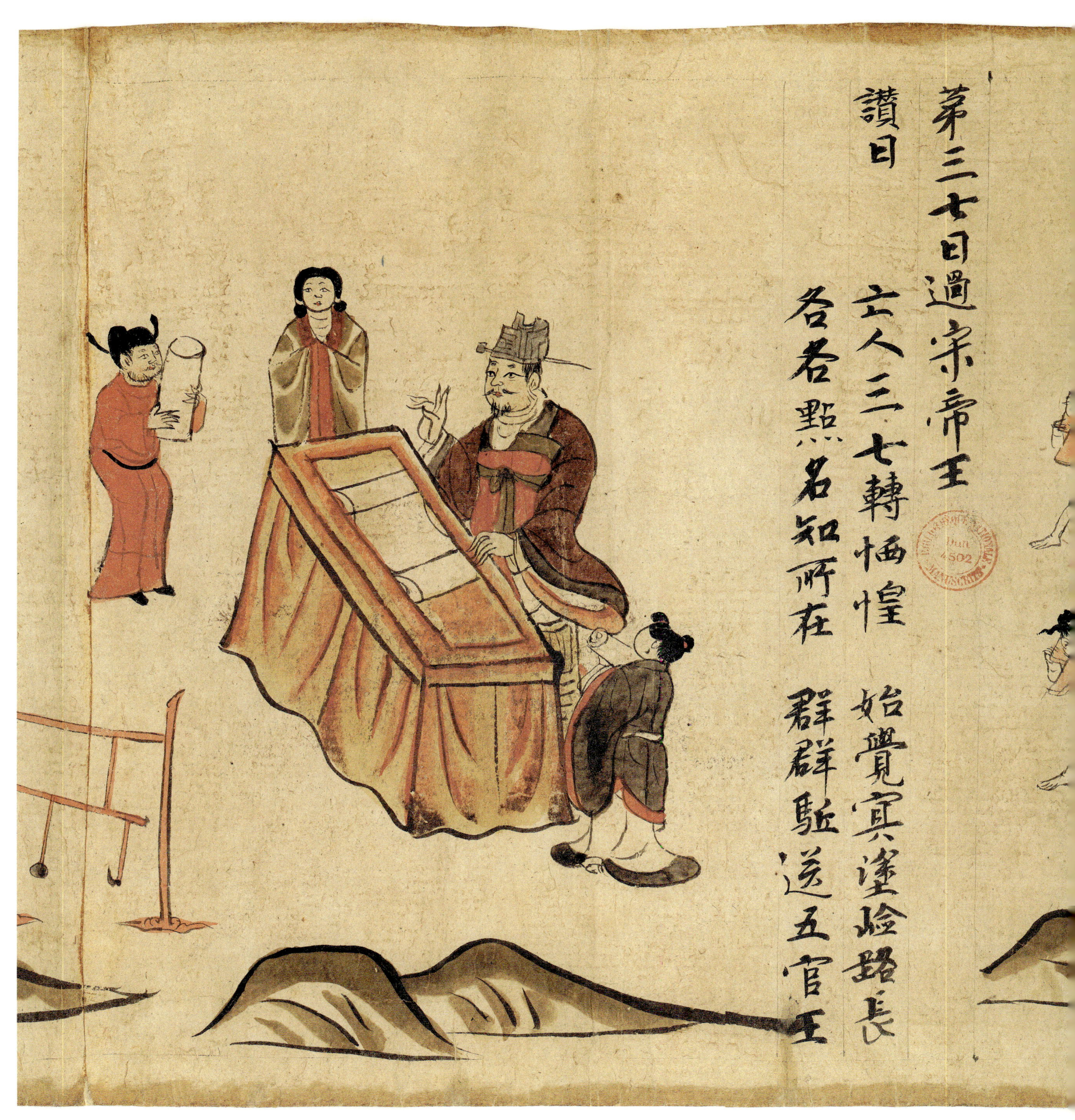

P.2003　　佛説閻羅王授記四衆預修生七往生浄土經　　（15—8）

第四七日過五官王
讚曰
五官業秤向空懸　左右雙童業簿全
輕重豈由情所願　低昂自任昔因緣

P.2003　佛説閻羅王授記四衆預修生七往生浄土經　（15—9）

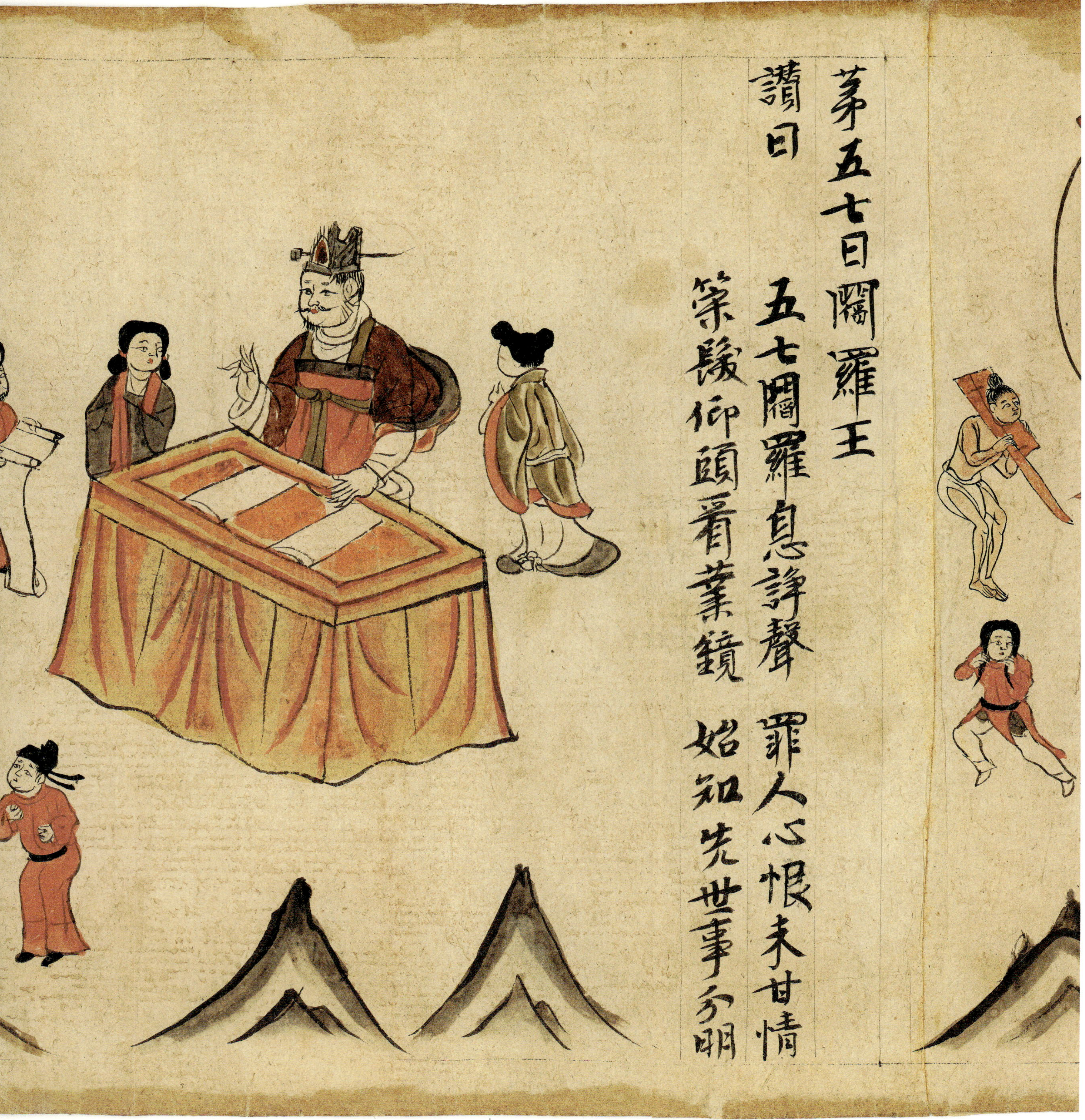

苐五七日閻羅王

讃曰

五七閻羅息諍聲　罪人心恨未甘情

策髮仰頭看業鏡　始知先世事分明

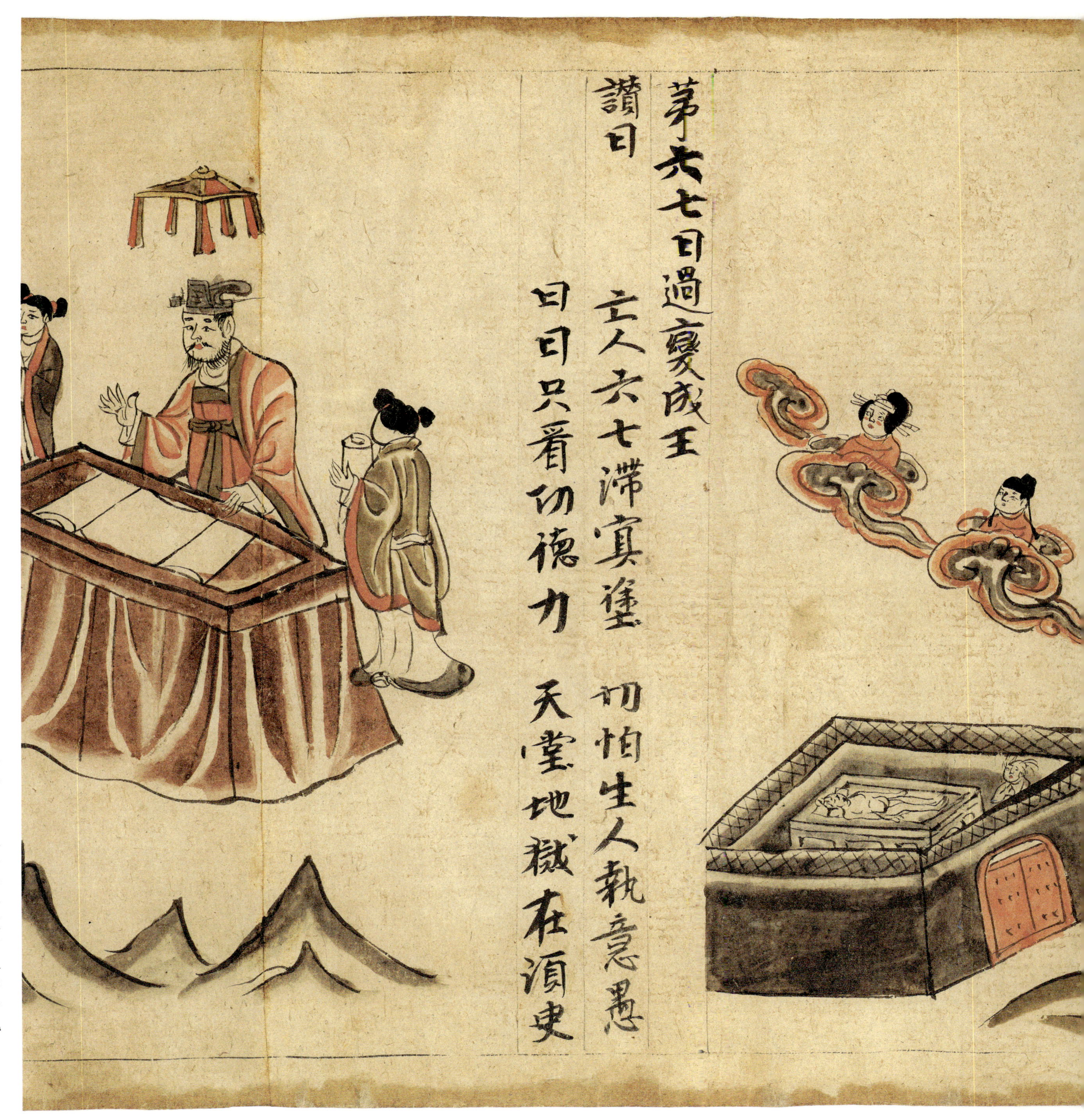
第六七日過變成王
讃曰
亡人六七滞冥塗　切怕生人執意愚
日日只看功德力　天堂地獄在須臾

P.2003　佛説閻羅王授記四衆預修生七往生浄土經　（15—10）

P.2003 佛説閻羅王授記四衆預修生七往生浄土經 （15—11）

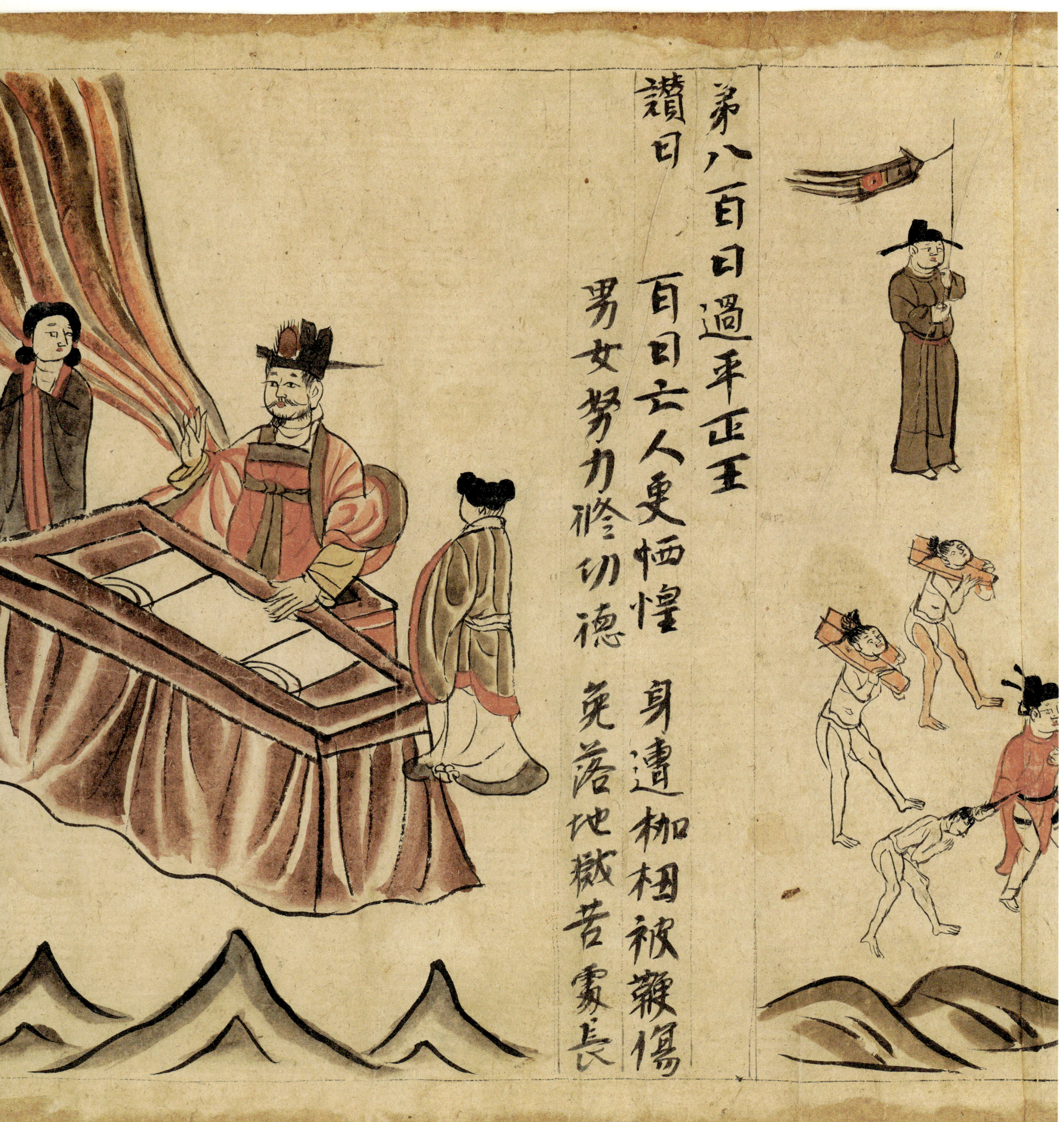
第八百日過平正王
讚曰
百日亡人更恓惶　身遭枷杻被鞭傷
男女努力修功德　免落地獄苦處長

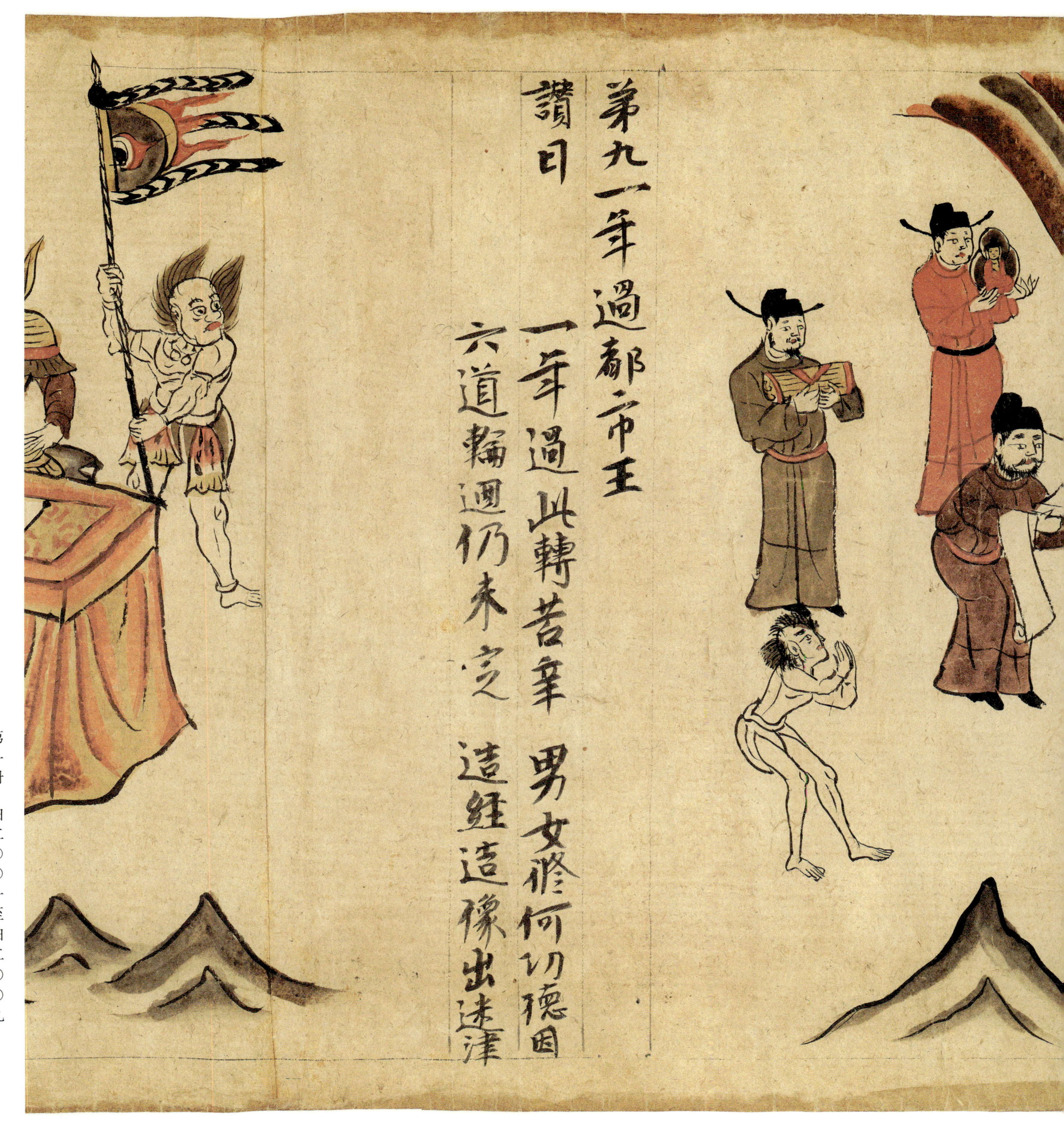

P.2003 佛説閻羅王授記四衆預修生七往生淨土經 （15—12）

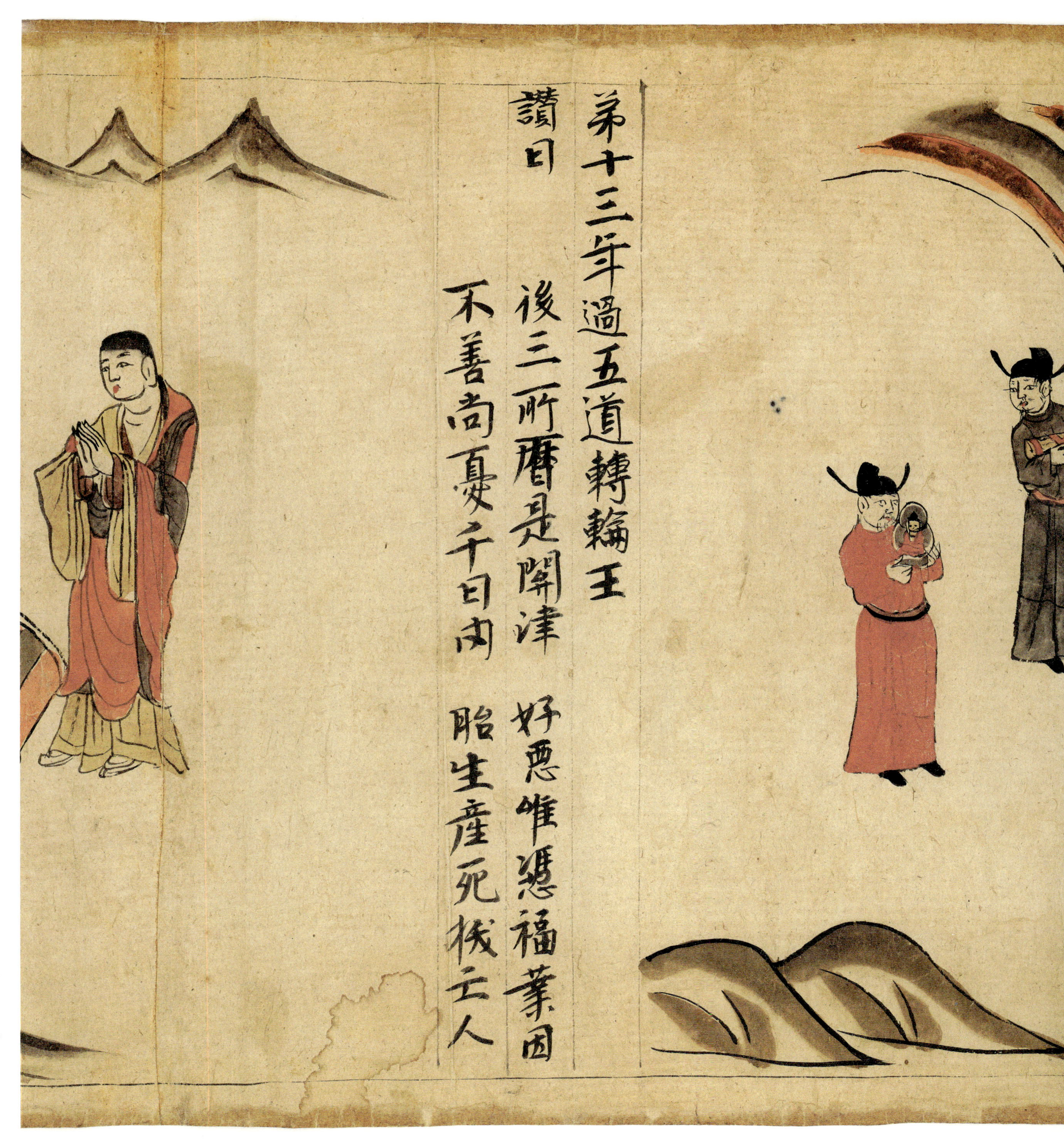
第十三年過五道轉輪王

讚曰

後三所歷是關津　好惡唯憑福業因

不善尚憂千日內　胎生產死拔亡人

P.2003　佛説閻羅王授記四衆預修生七往生浄土經　（15—13）

十齋具足免十惡罪放其生天

讚曰　一身六道苦忙忙　十惡三塗不易當

努力修齋功德具　恒沙諸罪自消亡

我當使四藥叉王守護此經不令陥沒

讚曰　閻王奉法讚和揚　普告人天衆道場

我使藥叉齊守護　不令陥沒永流行

稽首世尊獄中罪人多是用三寶財物喧閙受罪

識信之人可自誡慎勿犯三寶業報難容見此經

者應當修學

讚曰　欲求安樂住人天　輙莫侵凌三寶錢

一落冥間諸地獄　喧喧受苦不知年

尒時琰魔法王歡喜踴躍頂礼佛足退坐一面佛言

此經名為閻羅王授記四衆預修生七往生淨土

經汝當流傳國界依教奉行

讚曰　閻王退坐一心聽　佛更慇懃囑此經

名曰預修生七教　汝兼四衆廣流行

佛說閻羅王受記四衆預修生七往生淨土經

P.2003　佛説閻羅王授記四衆預修生七往生浄土經　（15—14）

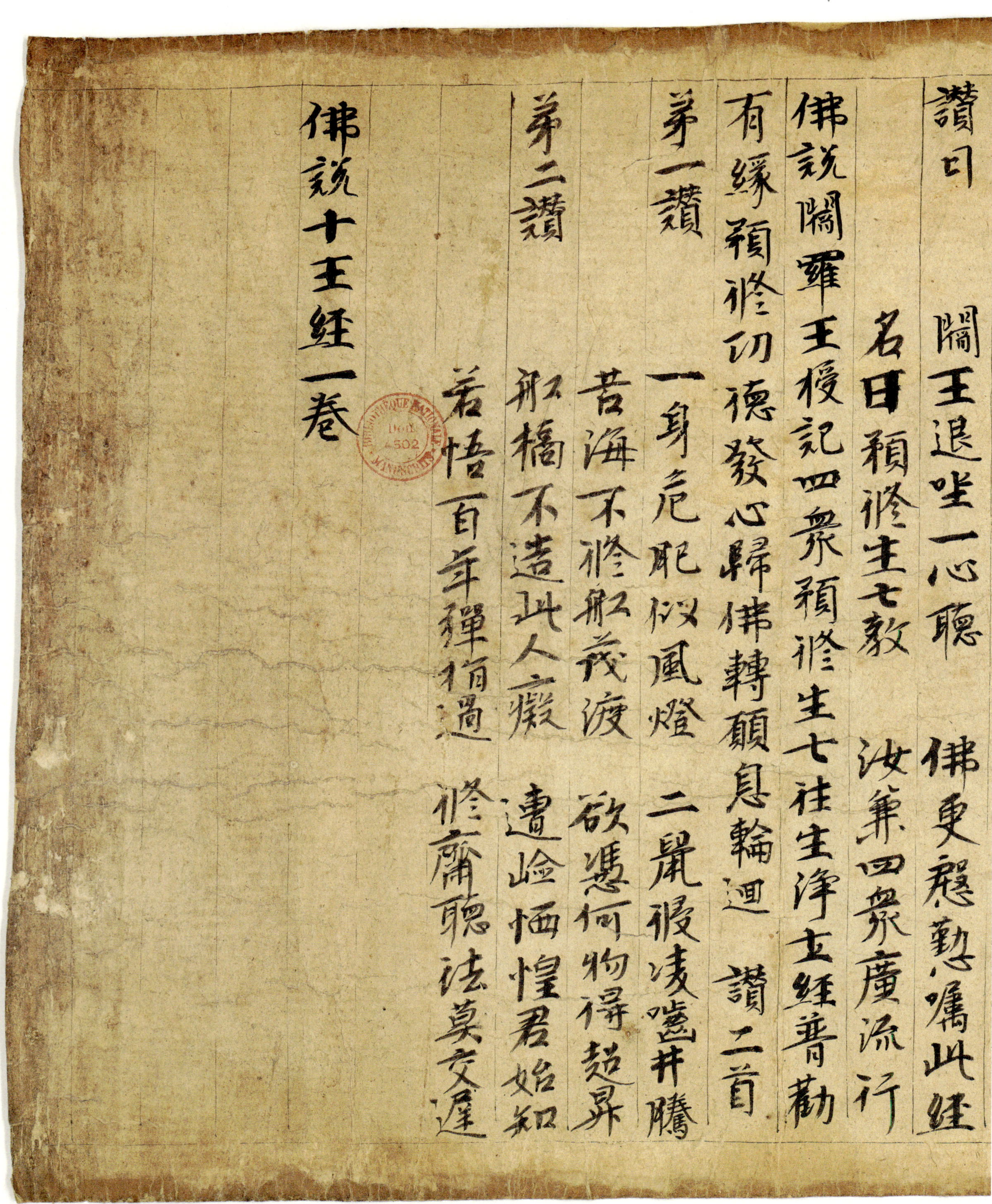
讚曰　閻王退坐一心聽　佛更慇懃囑此經
名日預修生七教　汝兼四衆廣流行
佛說閻羅王授記四衆預修生七往生淨土經普勸
有緣預修功德發心歸佛轉願息輪迴　讚二首
第一讚　一身危脆似風燈　二鼠侵凌嚙井騰
苦海不修船栰渡　欲憑何物得超昇
第二讚　船橋不造此人癡　遭險恓惶君始知
若悟百年彈指過　修齋聽法莫交遲
佛說十王經一卷

P.2003　佛説閻羅王授記四衆預修生七往生浄土經　（15—15）

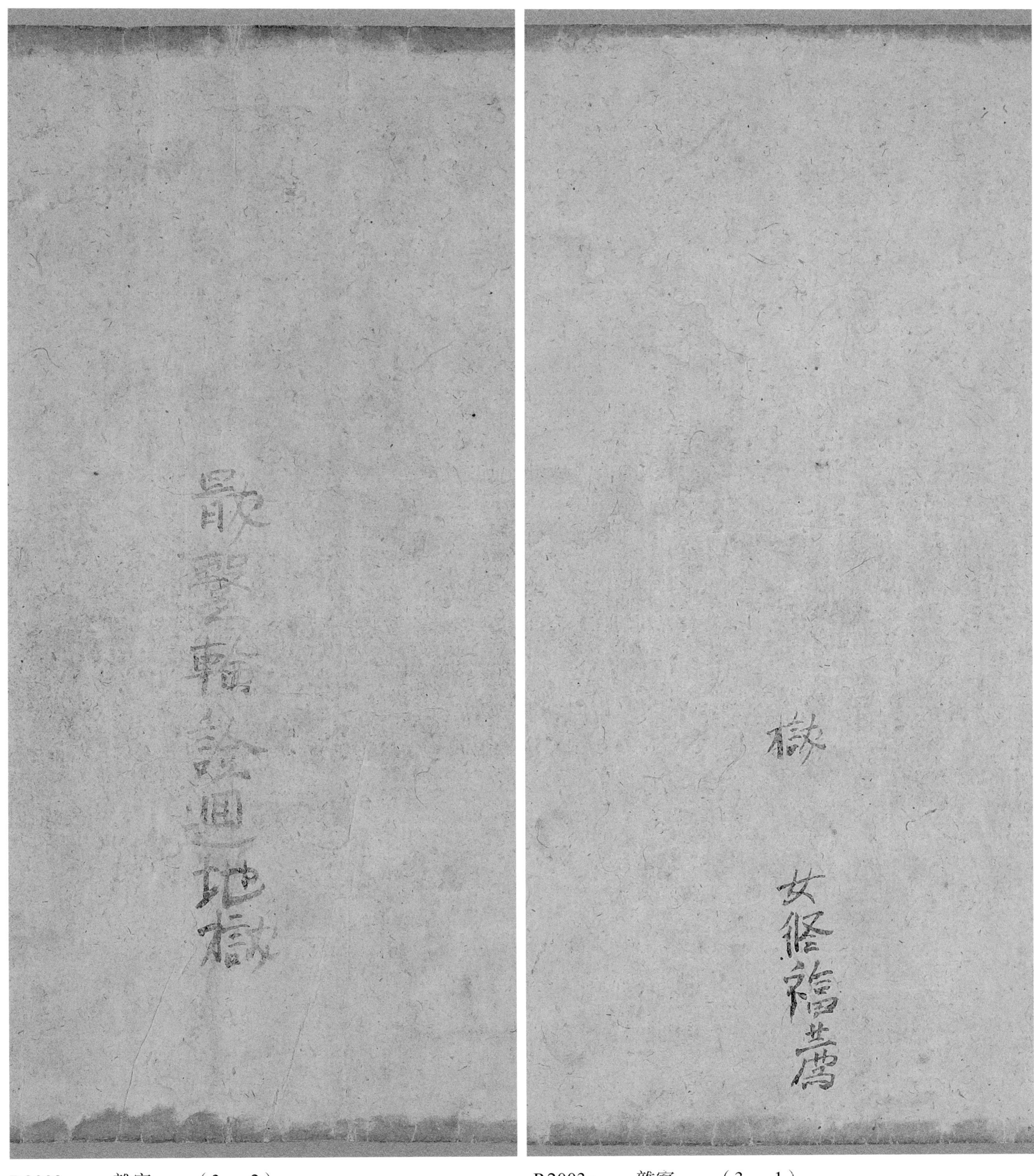

P.2003v　雜寫　（3—2）

P.2003v　雜寫　（3—1）

P.2003v　雜寫　（3—3）

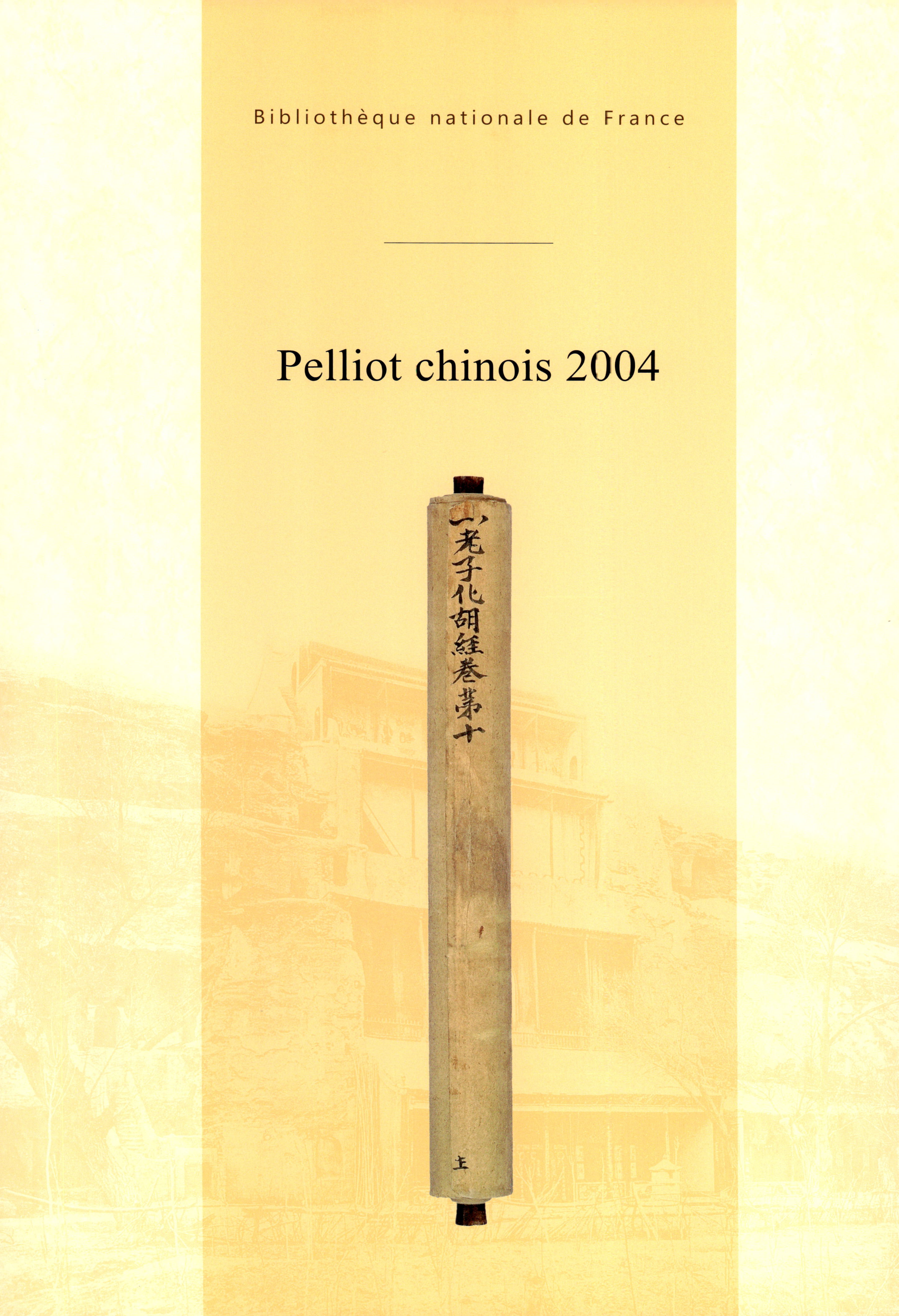
Bibliothèque nationale de France
Pelliot chinois 2004
老子化胡經卷第十

P.2004　　老子化胡經卷一〇外題

老子化胡經玄歌卷第十

我往化胡時頭戴通天威金紫照虛空餱
餱有光暉胡王心憍慢不尊我為師吾作
變通力要之出神威麾日使東走須彌而西頹
足蹹乾以槁日月左右迴天地盡闇昏星辰互
差馳眾災競地起良醫絕不知胡王心怖
怕叉手向吾啼作大慈悲教化之漸微微落髻
去一食右肩不著衣男曰憂婆塞女曰憂婆
夷化胡令賓服遊神於紫微
我在舍衛時約勑瞿曇身汝共摩訶薩賷
經教東秦歷落神州界迫至東海閒廣宣至

P.2004　老子化胡經卷一〇　（11—1）

我若舍[illegible]
經教東秦歷落神州界迫至東海閒廣宣至
尊法教授謂俗人与子咸神法化道滿千年
年終時當還慎莫戀中秦致令天氣怒太上
踏地瞋寺廟崩倒漸龍王舐經文八万四千
弟子一時受大緣輪轉五道頭万无一昇仙
吾在三天上憋子淚流連念子出行道不能
却死緣不能陵虛空東身入黃泉天門地
戶塞一去不能還雖得存種嗣使子常塞心
逆天違地理实考加子身神能易生死由子
行不真三十六天道終卒歸无形
我身西化時登上華岳山舉目看崑崙須
弥乃〻懸嶠冀巔清虛倏忽到天西但見西
王母嚴駕[illegible]

我同時妹將我入天庭皇老東向坐身體皦
然明授我仙聖道接度天下賢
我昔西化時登上華岳山北向視玄冥秦
川蕩然平漢少雜類多不信至真言吾後
千餘年白骨如丘山屍骸路草野流血成洪
洪渕不忍見子告故作大秦吟哀歎廿頭以
示通中賢見機降時世不值告以辛
我昔化胡時西登太白山脩身巖石里四
向集諸仙玉女擔漿酪仙人歌經文天龍翼
從後白虎口馳斷玄武負鍾鼓朱雀持幢幡
化胡成佛道丈六金剛身時与決口教後
當存經文吾昇九天後剋木作吾身

P.2004　老子化胡經卷一〇　（11—2）

從後白虎口騎[illegible]玄武負鍾鼓朱雀持[illegible]
化胡成佛道丈六金剛身時与吏口教後
當存經文吾昇九天後剋木作吾身
我昔離周時西化向罽賓路由函關去會見
尹喜身尹喜通窈冥候天見紫雲知吾當
西過沐浴齋戒身日夜立香火約勅守門人
執簡迎謁請延我入皇庭叩搏亦无數求欲
從我身道取人誠信三日口不言吾知喜心
至遺喜五千文欲得求長生讀之易精神
將喜入西域還喜爲真人
我昔化胡時涉天靡不遥學天覆六合艱
難身盡嬰胡人不識法放火燒我身身亦
不缺損乃復沉深渕龍王折水脉復流不復
[illegible]

方悟知我是聖人叩頭求悔過今欲奉侍君
伏願降靈烝怒活國土人吾視怨家如赤子
不顧仇以嬿化命一世士坐卧誦經文身无榮
華餝後畢得昇天吾告時世人三界里中賢
欲求長生道莫愛千金身出身着死地返
更得生緣火中生蓮花尓乃是至真莫有
生煞想得道昇清天未負即真信豈子千
金身我昔學道時登崖歷長松盤屈幽谷里
求覓仙聖公食服泥洹散漸得不死蹤九重
室中得見不死童身體絶華麗二儀中无
雙遺我元氣藥忽然天聖聽
尹喜哀歎五首

P.2004　老子化胡經卷一〇　（11—3）

尹喜哀歎五首

尹喜告世人欲求長生道莫求時世榮我昔

得道時身為関府君一日三賞賜雜綵以金

銀不以為己有施与貧窮人白日沾王事夜

便習霊仙飡食松食告柏徵命乃得存精誠

神明祐守真仰蒼天感得天地道遇見老

君身難我以父母却遺五千文秘室伏讀之

三年易精神授我仙聖方都體解自然

我昔上九天下向視玄寘但見飛仙士列翼

影清天朝宗九天主太上皇老君滌蕩六府

中受讀仙聖文王高得聖道遊行五岳閒

服炁食玉英受命与天并

昔往學道時登岳歷高堙動見百丈谷赫

我昔求道時逕歷數千崖浮遊八荒外徒跣
身无衣東過日出界西尋清山界足底重繭
生手中把步徽道見西王母問我子何歸恥身
不學道意欲覓仙師感我精誠至乞我
鞋以衣尒乃得學道仙丞漸徽徽父母怯我
晚晝夜悲嗥啼大道与俗返一往不復歸高
志日日遠不覺心所推雖得不死道氣力甚
徽徽心精不退轉今作天人師
昔往學道時蹤跡亦難尋東到日出界樹木
欝欝深南到閻浮提大火燒我身西到俱
地尼但見金城門青龍竟城腹白虎守城前
衝天金樓殿太上居湛然光影耀虛空仙

P.2004　老子化胡經卷一〇　（11—4）

地居但見金城門青龍堯城腹白虎守城前
衝天金樓殿太上居湛然光影耀虛空仙
人絕端嚴齋執黄卷書口誦長生文北向入
玄冥大水湛湛深遠天數百迊足底重蹹
生尒乃得仙道把攬天地神子能述吾道白
日得昇天

太上皇老君哀歌七首

三十六宮主太上皇老君哀慜下世士垂神
教世賢子欲脩冥福先當體窮冥生時
得尊貴不如過去榮仙駕龍車迎子遊清天
上登金樓殿坐卧虛空間行則飛仙從威儀
上柱天朝登天東頭暮到於天西戲樂九天
外縱意遨周旋驅使役百鬼揔統於万金

有報業緣須臾閒神明在上見遣使直往
𡏖從上頭底扠係着天牢門五毒更手加悪神
来尅侵口唫不能言妻子呼倉天莫怨神
不祐由子行不仁
吾哀時世人不信於神明先人与種福子孫
履上行衣厚飲得飽安孝不到門口氣頭
嚧天自謂常終日看師真遼然得病叩頭
請外柰心不敬神明以知人三魂係地獄七
魄懸着天三魂消散澌五神不安寧伺命
来執載丞相踏地瞋左神不削死右神不着
生生神不衛護煞神来入身或患胷背痛或
患頭目疼百脉不復流奄忽入黄泉天門地户

P.2004　老子化胡經卷一〇　（11—5）

患頭目疼百脉不復流奄忽入黄泉天門地户
閇一去不復還
吾哀世愚人不信冥中神生時不恭敬死便
償罪緣典官遂後駈牽北走東西抱沙填江
海負石累高山白日不得食夜分不得眠朝
与杖一百暮与鞭一千不堪考對沓責罪与
生人兩兩共相牽遂至死滅門皆由不敬道
神明考適人何不敬真神生死得昇天生榮
死者樂生死得得蒙恩
吾哀時世人不信冥中神一門有十息縱意
行不仁神明鑒无外終不濫煞人或夭華秀
子或夭妙少年門崩户以壞學者如浮雲死

各道怨師尊雖欲思善道十子不復還
吾告時世人脩道宜懃懃思亦不虛生神
明必報人昔有劉仲伯精誠於道門勸悪使從
善歳會集群賢香火日夜懃亦能感倉天
命盡應當死衆神与表天三魂飛揚漸七
魄入死星右神削死籍左神書生名伺命来
極濟左相踏地瞋普告二十獄杖出仲伯身
三魂還復流七魄還入身血脉還運轉百節
方更堅面目更端嚴內骨更鮮明死卧三
七日寢尸還更生
吾告時世人髑骨不別真閑時不共語急
便来求人死者如流水去者如浮雲秦川

P.2004　老子化胡經卷一〇　（11—6）

便来求人死者如流水去者如浮雲秦川
紇軍馬中庭生蒺藜百中不留一到愚吾本
言何不學仙道人身常得存
老君十六變詞
一變之時生在南方亦如火出胎墮地能獨
坐合口誦經聲璅璅眼中淚出珠子碟父母
世間驚怯我復畏寒涷来結果身著天衣
誰知我
二變之時生在西岳在漢川寄生王家練精
神出胎墮地能語言晃晃昱昱似金銀三
十六色綺羅文國王歡喜會群臣英儒雅
士平論忽然變化作大人鬚眉皓白頭柱天

[illegible]

不開把文章配名天地㪯陰陽從石入金使

翺翔

四變之時生在東方身青葱出胎墮地能瞳

春合口誦經聲雍雍白日毋抱夜乘龍崐崘

山上或西東上天入地登虛空仙人侍從數

万重當此之時神无通

五變之時生在中都在洛川嵩高少室嶺岑

巔中央循楅十万年教授仙人數万千齊得

昇天入青雲降鑒周室八百年運終數盡向

蜀賓化胡成佛還東秦敷揚道教愍天文

六變之時生在乾地西北角圖畫天地五五

岳處置星辰敘四瀆二十八宿注鄉曲日月

[illegible]

第一冊　伯二〇〇一至伯二〇〇九

P.2004　　老子化胡經卷一〇　　（11—7）

岳處置星辰敘四瀆二十八宿注鄉曲日月
照曜為下國之如流水得周局智者察之
知急速雨澤以時熟五穀万人食之大化之
七變之時生在北方在海蝎出胎墮地聲由
由好喜歌儛无憂愁造作音樂作箜篌万
帝來請用解憂黄河為路行竟頭一身涉
世快遊遊
八變之時生在東北在艮地圖畫天地我次
北白衣居士維摩詰欲結坐禪須諳悉通
暢經書有舍利見吾相好須信企感子單
誠不延次齊得昇天不墮地
九變之時下人黄泉亞地柱開闢天地施地

言語尊卑大小有次緒万天稱傳道為父
十變之時生在東南出風門盡出天道安山
川置五五岳集靈仙吹嘘寒暑生万民煩
炁衆生人得真置五五藏施心神動作六神
能語言有生有死須臾間如水東流何時還
邂逅相代不得傳何不習善求長生解散
流俗入膝盆不能免離壹子身欲求度世
於中禪摎心不堅固仙根盲聾音瘂教不倫
由子前身謗經文論說道士毀聖人在惡必
報受罪緣但勤自責莫怨天
十一變之時生在南方閻浮地造作天地作
有為化生万物由嬰兒陰陽相對共相隨衆
生稟氣各自為番息衆多滿地地生活自

P.2004 老子化胡經卷一〇 （11—8）

有為化生万物由嬰兒陰陽相對共相隨衆
生禀氣各自為畨息衆多滿地池生活自
衛田桒靡刼數滅盡一時虧洪水滔天到月
支選擇種民留伏羲思之念之立僧祇唯有
大聖共相知
十二變之時生在西南在黃昏時人厭賤還
老身善擁方略更受新寄胎託俗蟒虵身胎
中誦経不遇人左脇而出不由閑墮地七步
雜穢聞九能洗浴人不聞國王歡喜立東宮
与迎新婦字衢夷八百伎女營樂身八斛四
升不乱禪破散庫藏施貧人道十八人詣宮
門賈作大醜婆羅門借問太子何時還王

門變爲白狗數百身積骨須弥亦後人傳語
後學須精勤莫貪穢辱邑子身沉累六趣
更生難不信我語至時晉
十三變之時變形易體在罽賓從天而下无
根无号作弥勒金剛身胡人不識舉邪神興
兵動衆圍聖人積薪國北燒老君太上慈愍
憐衆生漸漸誘進說法輪剔其鬚髮作道
人擐被无領涅槃僧蒙頭著領待老君手捉
錫杖驚地虫卧便思神起誦經佛炁錯乱欲
東秦夢應明帝張愻迎白烏馱經詣洛城漢
家立子無人情捨家父母習沙門亦无至心逃
避兵不歌道法貪治生觕心不堅還俗纏八
万四千應罪緣破塔壞廟殺道人打毀同

P.2004　老子化胡經卷一〇　（11—9）

避兵不亂道法貪治生搦心不堅還俗纏八
万四千惡罪緣破塔懷廟誅道人打數銅
像削取金未榮幾時還造新雖得存五帝
怨心

十四變之時變形易像在金衛沙門圍城訛
經倡至者罪人未可濟胡入聞之心怨佐將
從群黨來朝拜叩頭悔過求受戒剋肌剋
骨擔不退燒指練臂自盟誓男不妻要坐
思禪死為尸陁餧鷹鸇遷神涅槃舍利弗
骨得八斛散諸國如此遷達離煩欲普身求
道五可得

十五變之時西向教化到罽賓胡國相鬘還

進說法輪剔其鬚髮作道人陽爲和上隂阿
足假作父母度僧尼師徒相度理无私遷神
涅槃歸紫微四鎮安穆和我神胡人思念長吁
啼鑄作金像法我形三時入礼求長生㝚㝚
寞寞不應人低頭俯地仰看天大聖正真
何時還
十六變之時生在蒲林号有遮大留長者樹
提闍有一手巾像龍虵遺風吹去到王家
國王得之大歎咤興兵動衆來向家離舍
百里見蓮花國有審看一月夜王心惡之欲
破家忽然變化白淨舍出家求道号釋迦
五百歲之時乘龍駕㵎道得昌漢地廣大
歷記長三十六人計弟兄越度北闕雲中翔

P.2004　老子化胡經卷一〇　（11—10）

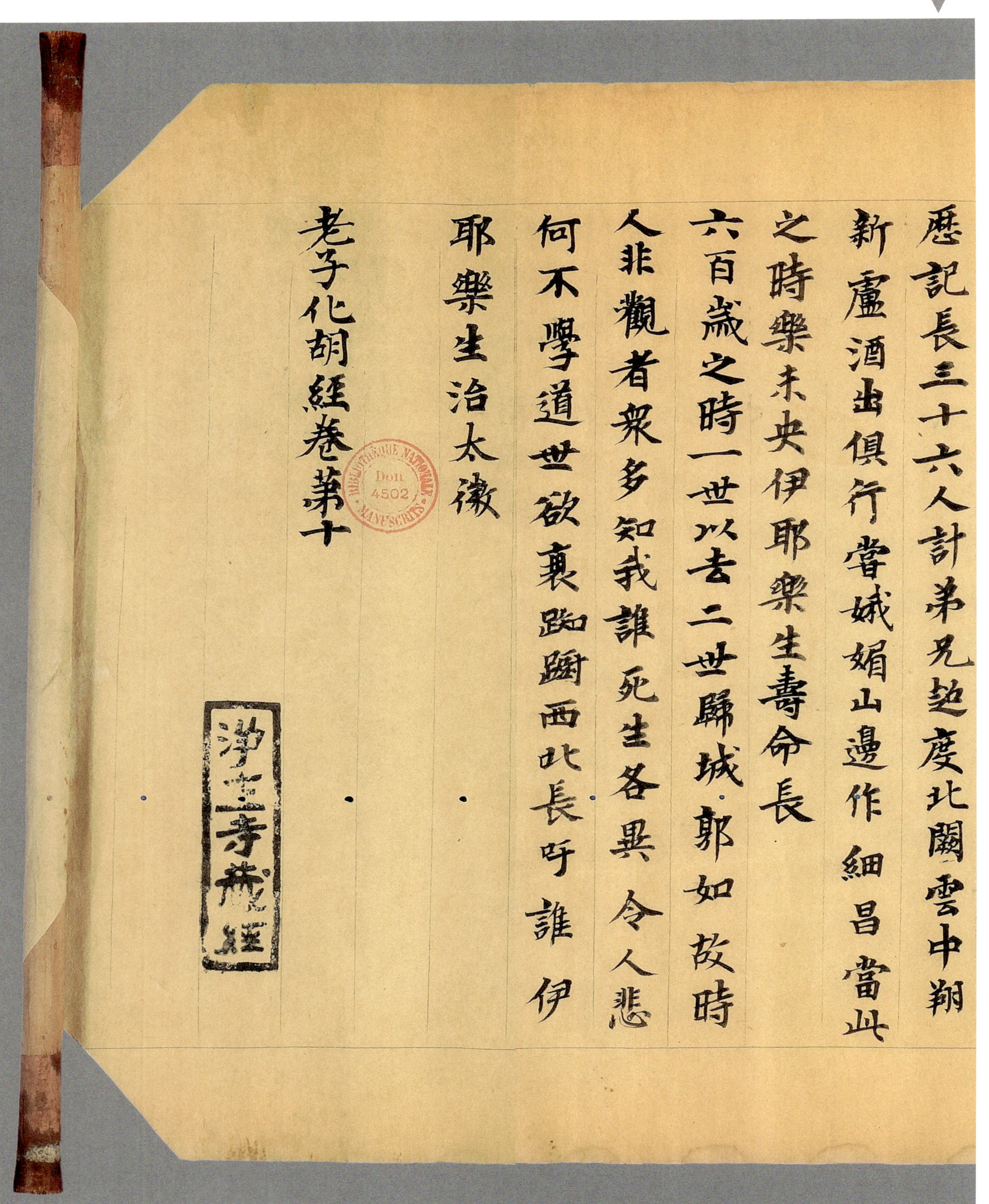

歷記長三十六人計弟兄超度北關雲中翔
新盧酒出俱行當娍媚山邊作細昌當此
之時樂未央伊耶樂生壽命長
六百歲之時一世以去二世歸城郭如故時
人非觀者衆多知我誰死生各異令人悲
何不學道世欲裹踟躕西北長吁誰伊
耶樂生治太微
老子化胡經卷第十

P.2004　老子化胡經卷一〇　（11—11）

Bibliothèque nationale de France

Pelliot chinois 2005

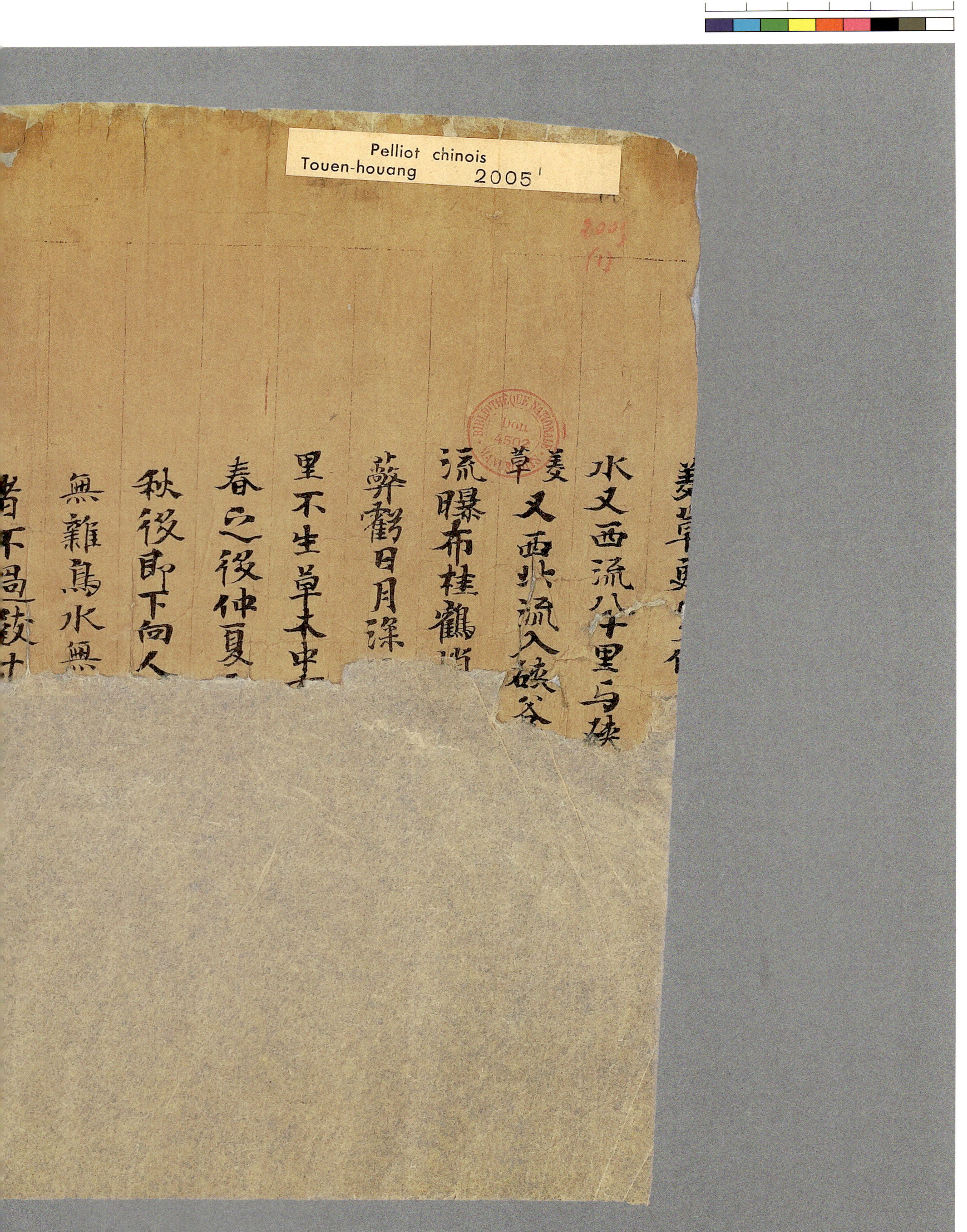

法國國家圖書館藏敦煌文獻

狼虫豹窟穴其
里至子亭鎮西三
烽又西北流六十里至山闕烽水東即是
鳴沙流山其山流動無定峯岫不恒俄然
深谷為陵高崖為谷或峯危似削孤岫如
畫夕疑無地朝已干霄中有井泉沙至不掩
馬馳人踐其聲若雷其水西有石山亦
無草木又東北流八十里百姓造大堰號為
馬圈口其堰南北一百五十步闊廿步高二
丈總開五門分水以灌田園荷鍤成雲決
渠降雨其腴如涇其濁如河加以節氣
少雨山谷多雪立夏之後山暖雪消雪

少雨山谷多雪立夏之後山暖雪消雪
水入河朝減夕漲其水又東北流卌里至
沙州城分派溉灌北流者名北府東流者
名東河水東南流者二道（一名神農渠 一名陽開渠）州
西北又分一渠北名都鄉渠又從馬圈口分
一渠於州西北流名宜秋渠州城四面水
渠側流觴曲水花草菓園豪族士流家
々自足土不生棘鳥則無鵄五穀皆
饒唯無稻黍其水溉田即盡更無流
派

苦水

右源出瓜州東北十五里名卤澗水直西流至瓜州

[illegible]

南西北流十五里入常樂山又北流至沙州階亭驛

南即向西北流至廉邊烽西北廿餘里龍入計鹵

獨利河水

右源出瓜州東南三百里流至沙州燉煌縣

東南界雨多即流無雨竭涸

懸泉水

右在州東一百卅里出於石崖腹中其泉傍出細

流一里許即絕人馬多至水即多人馬少至水

出即少西涼異物志云漢貳師將軍李廣

利西伐大宛迴至此山兵士衆渴乏廣乃掌

拓山仰天悲誓以佩劒刺山飛泉涌出以濟

三軍人多皆足人少不盈側出懸崖故曰

P.2005　沙州都督府圖經卷三　（22—2）

三軍人多皆是人少不盈側出懸崖故曰

懸泉

七所渠

宜秋渠　長廿里

右源在州西南廿五里引甘泉水兩岸修堰十里

高一丈下闊一丈五尺其渠下地宜晚禾因号爲

秋渠

孟授渠　長廿里

右據西涼錄燉煌太守趙郡孟敏於州西南

八里於甘泉都鄉斗門上開渠溉田百姓蒙賴

因以爲号

陽開渠　長一十五里

田人賴其利因以為号

都鄉渠　長廿里

右源在州西南一十八里甘泉水馬圈堰下流

造堰擁水七里高八尺闊四尺諸鄉共造因

号都鄉渠

北府渠　長卌五里

右源在州東三里甘泉水上中河斗門為其渠

北地下每年破壞前涼時刺史楊宣以家粟万斛

買石修理於今不壞其斗門壘石作長卌步闊三丈

高三丈昔燉煌置南府北府因府以為渠名

三丈渠　長五里

右源在州東三里甘泉水上於河斗門南向東修

P.2005　沙州都督府圖經卷三　（22—3）

右源在州東三里甘泉水上中河斗門爲其渠
北地下每年破壞前涼時刺史楊宣以家粟万斛
買石修理於今不壞其斗門壘石作長卌步闊三丈
高三丈昔燉煌置南府北府因府以爲渠名

三丈渠　長五里

右源在州東三里甘泉水上於河斗門南向東修
堰穿渠一十三里其渠闊三丈因以爲号

陰安渠　長七里

右在州西南六里甘泉水上據西涼録燉煌太守
陰澹於都鄉斗門上開渠溉田百姓蒙利而安
因以爲号

一所壕塹水　闊卅五尺　深九尺　壕遶城四面

[illegible]

三所澤

東泉澤

右在州東卌七里澤内有泉因以爲号

卌里澤　東西十五里　南北五里

右在州北卌里中有池水周迴二百步堪遞麻衆

人往還因里數爲号

大井澤　東西卅里　南北廿里

右在州北十五里漢書西域傳漢遣破羌將軍

辛武賢討昆彌至燉煌遣使者按行悉穿

大井因号其澤曰大井澤

二所堰

馬圈口堰

P.2005　沙州都督府圖經卷三　（22—4）

馬圈口堰

右在州西南廿五里，漢元鼎六年造。依馬圈山造，
因山名焉。其山周迴五十步，自西涼已後，甘水湍
激，無復此山。

長城堰　高一丈五尺　長三丈　闊二丈

右在州東北一百七十里，堰苦水，以溉田。承前造
堰不成，百姓不得溉灌。刺史李無虧造成，百
姓欣慶。無虧，漢丞相蔡之後，自隴西從居
幽州之范陽。五代伯祖司空、許尚後魏太祖
舅陽平王杜超女，後為公主憶長安，城太祖
於范陽為主築長安城，俗號長安城。太宗隨時定
氏族，去其安字，直為長城李氏。

一所故堤　高三丈　闊三丈五尺
右在州東北一百廿步按十六國春秋嘉興四年西
凉王李歆為且渠蒙遜戰敗於酒泉東懷
城歆死國滅其弟恂為燉煌太守与諸子弃
燉煌奔于北山蒙遜以索元緒行燉煌太守緒
行險惡失於人郡人宋承義張弘以恂在郡有
惠政密遣招恂九月率數十騎入于燉煌索緒
東奔宋承義等推恂冠軍將軍凉州刺史蒙
遜遣子德政率衆一万攻恂恂閉門不戰至五年
春蒙遜率衆二万攻燉煌遣恂書諭以興亡
之運恂不荅三月三面起堤以水灌城恂使
壯士千人連板為橋潛欲決堤志為蒙遜所擒

壯士千人連板為橋潛欲決堤志為蒙遜所擒
將佐等勸惲曰今水稱盛東軍來者相繼雖
有熊武之士決戰無所宜遣使降因以擊之
惲遣使請降遜不許左長史宋承義武衛
將軍張弘等開門降遜惲自殺其堤多毀
滅唯東面北面其趾步存

一所殿　六門　五架　高四尺　東西十七步　南北八步
右在子城中近城南門據西涼錄涼王李暠庚子
年建造此殿以聽政至今見在州司以為館

鹹鹵
大半
右州界遼闊沙磧至多鹹鹵鹽澤約餘

東鹽池水

右在州東五十里東西二百步南北三里其鹽

在水中自爲塊片人就水裏漉出曝乾並是

顆鹽其味淡於河東鹽印形相似

西鹽池水

右俗號沙泉鹽在州北一百一十七里總有四陂每

陂二畝已下時人於水中漉出大者有馬牙

其味極美其色如雪取者既衆用之

無窮

北鹽池水

右在州西北卌五里東西九里南北四里其鹽不堪

西池与州東鹽味同

一所興胡泊　東西十九里　南北九里　深五尺

右在州西北一百一十里其水鹹苦唯泉堪食

P.2005　沙州都督府圖經卷三　（22—6）

一所興胡泊　東西十九里　南北九里　深五尺

右在州西北一百一十里其水鹹苦唯泉堪食商

胡從玉門關道往還居止因以為号

一十九所驛並廢

州城驛

右在州東二百步因州為名東北去清泉驛卅里

清泉驛

右在州東北卅里去横澗驛廿里承前驛路在

瓜州常樂縣西南刺史李無虧以舊路石

磧山險迂曲近賊奏請近北安置奉天授二年

五月十八日　勑移就北其驛置在神泉觀

莊側故名神泉驛今為清泉太置在驛傍

因改為清泉驛

右在州東北六十里東北去白亭驛十里刺史陳玄
珪為中間迢遞曲奏請奉證聖元年十二月卅日
勑置驛側有澗因以為名

白亭驛
右在州東北八十里東北去長亭驛卌里同前奉
勑移為置白亭烽下因烽為號

長亭驛
右在州東北一百廿里東去甘草驛廿五里同前
奉　勑移為置在長亭烽下因烽為號

甘草驛
右在州東北一百卌五里東南去階亭驛廿五
里前刺史李無虧為中間路遠兼有沙鹵
奏請奉　勑置驛側有甘草因以為號

第一册　伯二〇〇一至伯二〇〇九

P.2005　沙州都督府圖經卷三　（22—7）

里前刺史李無虧為中間路遠無有沙鹵

奏請奉　勅置驛側有甘草因以為號

階亭驛

右在州東一百七十里東去瓜州常樂驛

卅里同前奉　勅移為置在階亭烽

側因烽為號

新井驛　廣顯驛　烏山驛已上驛瓜州捉

右在州東北二百廿七里二百步瓜州常樂界

同前奉　勅置遣沙州百姓越界供奉

如意元年四月三日　勅移就稍竿道

行至證聖元年正月十四日

勅為沙州遭賊少草運轉極難稍竿道

停又奏第五道來往又長[illegible]年一月十七

日　勑弟三道中[illegible]

容使等食付王孝傑并瓜州沙州審

更撿問令瓜州捉三驛沙州捉四驛件

撿瓜州驛數如前

雙泉驛

右在州東北四百七十七里一百六十步瓜

州常樂縣界唐儀鳳三年閏十月奉

勑移稍竿道就弟五道莫賀延磧

置沙州百姓越界捉奉如意元年

四月三日　勑移就稍竿道行至

證聖元年正月十四日　勑為沙州

遭賊改弟五道來往南去瓜州常樂

縣界烏山驛六十九里二百六十步北去

遭[illegible][illegible]弟五道来往牽去瓜州常樂
縣界烏山驛六十九里二百六十步北去
弟五驛六十里八十步

第五驛
右在州東北五百一十一里卌步同前奉
勅置沙州百姓越界捉南去雙泉
驛六十四里八十步北去冷泉驛六十八里
卌步

冷泉驛
右在州東北五百七十九里一百七十步同前
奉　勅置沙州百姓越界捉南去弟
五驛六十八里卌步北去胡桐驛八十四里

胡桐驛

[illegible]

里北去伊州柔遠縣界赤崖驛八十里

東泉驛

右在州東卅里東去其頭驛廿五里刺史

李無虧爲其路山險迂曲奏請就北安置

奉天授二年五月十八日　勅移就北其

驛遂廢

其頭驛

右在州東六十五里西去東泉驛廿五里東去

懸泉驛八十里同前奉　勅移廢

懸泉驛

右在州東一百卅五里舊是山南空谷驛唐

永淳二年録奏奉　勅移就山北懸

P.2005　沙州都督府圖經卷三　（22—9）

右在州東一百卅五里舊是山南空谷驛唐
永淳二年錄奏奉　勑移就山北懸
泉谷置西去其頭驛八十里東去魚泉
驛卅里同前奉　勑移廢

魚泉驛

右唐咸亨四年刺史李祖隆奏奉
勑置去州東一百八十五里東去瓜州常樂
卅五里西去懸泉驛卅里同前奏
勑移廢

无窮驛

右在州東一百里在无窮山置西去其頭驛卅
五里東去空谷驛卅里唐永淳二年奏移就
北行其驛遂廢

右[illegible]

驛卅里東去黄谷驛卅里爲同前移道其

驛遂廢

黄谷驛

右去州東一百七十里東去魚泉驛卌五里爲

同前移道其驛遂廢

州學

右在城内在州西三百步其學院内東廂有先

聖太師廟堂内有素　先聖及先師顔子

之像春秋二時奠祭

縣學

右在州學西連院其院中東廂有　先聖太

師廟堂内有素　先聖及先師顔子之像

右在州學西連院其院中東廂有 先聖太
師廟堂内有素 先聖及先師顔子之像
春秋二時奠祭
醫學
右在州學院内於北墻别構房宇安置
二所社稷壇
州社稷壇各一 高四尺 周迴各廿四步
右在州城南六十步春秋二時奠祭
燉煌縣社 稷壇各一 高四尺 周迴各廿四步
右在州城西一里春秋二時奠祭
四所雜神
土地神
右在州南一里立舍畫神主境内有灾患

風伯神

右在州西北五十步立舍畫神主境内風不調

因即祈爲不知起在何代

雨師神

右在州東二里立舍畫神主境内亢旱因即祈

爲不知起在何代

祆神

右在州東一里立舍畫神主總有廿龕其院周迴

一百步

一所異怪

老父授書

右按十六國春秋北涼永和三年正月有一老父

見於城東門上投書於地忽然不見書一紙八

右按十六國春秋北涼永和三年正月有一老父
見於城東門上投書於地忽然不見書一紙八
字端之其文曰涼王卅年若七年涼王且渠
茂虔訪於奉常張體順順曰昔虢之將亡神
降于莘此老父之見國之休祥深願陛下尅念
脩政以副卅之慶若盤于遊田荒於酒色臣
恐七年將有大變虔不悅亦爲魏所滅

二所庿

先王庿

右在州西八里西涼錄涼王李暠謚又爲涼簡公
於此立庿因号先王庿其院周迴三百五十步
高一丈五尺次東有一庿是暠子譚讓恂等
庿周迴三百五十步高一丈五尺号曰李庿
[illegible]

孟廟

右在州西五里按西涼錄神　二年燉煌太守趙郡

孟敏為沙州刺史卒官葬於此其廟周迴三百步

高一丈三尺

一所冢

闞冢

右在州東廿里闞駰祖倧之冢也按魏書闞駰

字玄陰燉煌人也祖倧有名於西土父玫為一時

秀士官至會稽令其冢高三丈五尺周迴

卌五步

三所堂

嘉納堂

右按西涼錄涼王李暠庚子五年興立泮

右按西涼錄涼王李暠庚子五年興立泮
宮增高門學生五百人起嘉納堂於後園
圖讚所志其堂毀除其階尚存其地在子
城東北羅城中今爲効穀府

靖恭堂

右按西涼錄涼王李暠庚子三年於西門外
臨水起堂以議朝政閱武事今堂其尚存
餘並破毀

謙德堂

右按西涼錄涼王李暠建以聽政其堂在子
城中恭德殿南今並除毀

一所土河

右周迴州境東至磧口亭去州五百一十里一

北去神威烽廿去州卌七里漢武帝元鼎六年立
以為匈奴禁限西涼王李暠建初十一年更
脩立以防[illegible]至隋開皇十六年廢

四所古城

古河倉城　周迴一百八十步

右在州西北二百卅二里俗号河倉城莫知時代
其城頹毀其趾猶存

古効穀城　周迴五百步

右在州東北卅里是漢時効穀縣本是漁澤鄣
桒欽說漢武孝元封六年濟南崔意不為
漁澤都尉教人力田以勤効得穀因立為縣
名焉後秦苻堅建元廿一年為酒泉郡人黃花
攻破遂即廢壞今北面有頹基數十步

名烏孫後秦苻堅建安廿一年為酒泉郡人黃花
攻破遂即廢壞今北面有頹基數十步

古長城　高八尺　其闊一丈　上闊四尺

右在州北六十三里東至階亭烽一百八十里入瓜州
常樂縣界西至曲澤烽二百一十二里正西入
磧接石城界按匈奴傳漢武帝西通月氏
大夏又以公主妻烏孫王以分匈奴西方於烏
孫北為塞以益廣田漢元帝竟寧元年
侯應對詞曰孝武出軍征伐建塞起亭
遂築外城設屯戍以守之即此長城也

古塞城

右周迴州境東在城東卌五里西在城西十五里
南在州南七里北在州北五里據漢書武

泉置燉煌郡此即闢土疆立城郭在
漢武帝時又元帝竟寧單于來朝
上書願保塞和親請罷邊太郎中侯
應以為不可日孝武出軍征伐建塞徼起
亭燧築外城設屯戍以守之邊境少安
起塞已來百有餘年據此詞即元鼎六
年築至西涼王李暠建初十一年又修以
備南羌北虜其城破壞其趾見存

張芝墨池　在縣東北一里效穀府東南五十步

右後漢獻帝時前件人於此池學書其池盡
墨書絕世天下名傳因茲王羲之顧書論
云臨池學書池水盡墨好之絕倫吾弗
及也又草書出自張芝時人謂之聖其池

在臨池學書池水盡墨好之絕倫吾弗
及也又草書出自張芝時人謂之聖其池
年代既遠並磨滅古老相傳池在前件所
去開元二年九月正議大夫使持節沙州諸軍
事行沙州刺史兼豆盧軍使上柱國杜楚臣赴
任　尋墳典文武俱明訪覩此池未獲安惜至
四年六月燉煌縣令趙智本到任其令博覽
經史通達九經尋諸古典委張芝索靖
俱是燉煌人各檢古跡具知處所其年九
月　拓上件池中得一石硯長二尺闊一尺尋
乃勸諸張族一十八代孫上柱國張仁會上
柱國張履暹上柱國張懷欽上柱國張仁會

[illegible]州[illegible]學博士

上柱國張大忠　游擊將軍守右玉鈐衛西

州蒲昌府折衝都尉攝本衛中郎將充

于闐錄守使燉煌郡開國公張懷福昭武校

尉前行西州岸頭府果毅都尉上柱國張懷

立壯武將軍行右屯衛岷州臨洮府折衝都

尉上柱國張燕容昭武校尉前西州岸

頭府左果毅都尉攝本府折衝充墨離

軍子將張懷古等今修葺墨池中立廟

及張芝之容

監牧　羈縻州　江河淮濟　海瀆

陂　宮　郡縣城　關鏁津濟

岳瀆　鐵　碑碣　名人

忠臣孝子　節婦烈女　營壘　陵墓

岳瀆　鐵　碑碣　名人
忠臣孝子　節婦烈女　營壘　陵墓
臺榭郵亭鑛窟　帝王遊幸　名臣將所至畫
右當縣並無前件色

廿祥瑞

同心梨
右後涼錄呂光麟嘉元年燉煌獻同心梨

赤氣龍跡
右按西涼錄李暠庚子元年赤氣起於後
園龍跡見于小城

白雀
右按西涼錄涼王李暠庚子二年白雀翔于
青[illegible]堂

大石……

右按西涼録凉王庚子四年五月大石自立

於燉煌馬圈山

瑞葛

右西凉王庚子五年燉煌有葛緣木而生作

黃馬之色沙州無葛疑是瑞馬二字相

似誤為葛焉

嘉禾

木連理　柳樹生楊枝

右按西凉録凉王庚子五年六月燉煌獻

嘉禾木連理柳樹生楊枝

白狼　黑狐　黑雉

右按西凉録凉王庚子五年七月見於燉煌

鳳凰

右校西涼錄涼王庚子五年七月[illegible]於燉煌

鳳凰

右校西涼錄涼王建初元年正月鳳凰集

于効穀

白龍

右唐武德五年夏四月癸丑白龍見於平

河水邊州司錄奏

甘露

右武德六年六月己酉甘露降於陽堂

木連理

右唐調露元年於燉煌鄉董行端園

内木生連理

甘露

[illegible]

野穀

右唐聖神皇帝垂拱四年野穀生
於武興川其苗莖高二尺已上四散似
蓬其子如葵子色黃赤似葵子肥而
有脂炒之作麨甘而不熱收得數百石
以充軍粮

瑞石

右唐乾封元年有百姓嚴洪爽於城西李先
王廟側得上件石其色翠碧上有赤文作
古字云下代卅卜年七百其表奏為上瑞當
為封嶽並天下置寺觀号為萬壽此州
以得此瑞石遂寺觀自号靈圖

白雀

為封嶽並天咸置寺觀号為萬壽此州
以得此瑞石遂寺觀自号靈圖

白雀

右唐咸亨二年有百姓王會昌於平康
鄉界獲白雀一雙馴善不驚當即進上

黃龍

右唐弘道元年臘月為　高宗大帝
行道其夜崇教寺僧徒都集及直
官等同見空中有一黃龍見可長三
丈以上髯頭尖鬣頭目精明首向北斗尾垂
南下當即表奏制為上瑞

五色鳥

右大周天授二年一月百姓陰嗣鑒於平康

尾五色丹嘴赤足合州官人百姓並往
看見群鳥隨之青黃赤白黑五白色具
備頭上有冠性甚馴善刺史李無虧
表奏稱謹檢瑞應圖曰代樂鳥者
天下有則見世止於武孝通園內又陰
嗣鑒得之臣以爲陰者母道鑒者明
世天顯

日揚光　慶雲

右大周天授二年冬至日得支慶崔撝
等狀稱今日冬至卯時有五色雲扶日闊
一丈已上其時大明天授一倍以上比至辰時
復有五色雲在日四邊抱日光彩其鮮見在官
人百姓等同見咸以爲聖神皇帝陛下受命

Pelliot chinois
Touen-houang 2005 4

人百姓等同見咸以為聖神皇帝陛下受命
之符刺史李無虧表奏謹檢瑞應圖曰
聖人在上日有大光天下和平又曰天子孝則
景雲出遊有人從巳西巳北巳東來者咸云
諸處　赦日亦總見五色雲抱日

蒲昌海五色

右大周天授二年臘月得石城鎮將康拂
䏻延弟地舍撥狀稱其蒲昌海水舊來
濁黑混雜自從八月已來水清明徹底其
水五色得老人及天竺婆羅門云中國有聖
天子海水即清無波奴身等歡樂望請奏
聖人知者刺史李無虧表云淮海水五色
合大瑞謹檢瑞應圖禮斗威儀曰人君乘

土有王其山出大三則治信從妻七天應

國當登之世明主德之昌

白狼

右大周天授二年得百姓陰守忠狀稱白狼頻

到守忠莊邊見有兒及畜生不傷其色如雪者

刺史李無虧表奏謹檢瑞應圖云王者仁

智明悊即至動准法度則見又云周宣王

時白狼見犬戎服者天顯陛下仁智明悊動准

法度四夷賓服之徵也又見於陰守忠之莊

邊者陰者臣道天告臣子並守忠惜也前

件四瑞諸州皆見並是天應　陛下闡

統殊徵歷服色遠聖壽是以陽烏疊

彩暎澄海以通輝瑞鳥摛祥對寰京而共

色胡戎竭和識中國之有聖君臣區區謳謠

第一冊　伯二〇〇一至伯二〇〇九

絃殊徵辭易服色近聖壽是以陽員疊

彩暎澄海以通輝瑞萬摛祥對暑京雲而英

色胡戎鳴和識中國之有聖君遐邇謳謌

嘉　大周之應寶命

歌謡

神皇聖氏生於文王之祖生於后稷故詩人所

謂生人尊祖也於昭武王承天翦商誅其式

聖母神皇穆斯九族綏彼四方導以禮儀

調以陰陽三農五穀萬庾千箱載興文

教載撰明堂八窓四闥上圓下方多士濟々

流水洋々明堂之興百工時揆庶人子來歛

鼓不擾肅々在上無幽不察無遠不相千齡

所重萬國文四各教二禮遵六家書孝義第

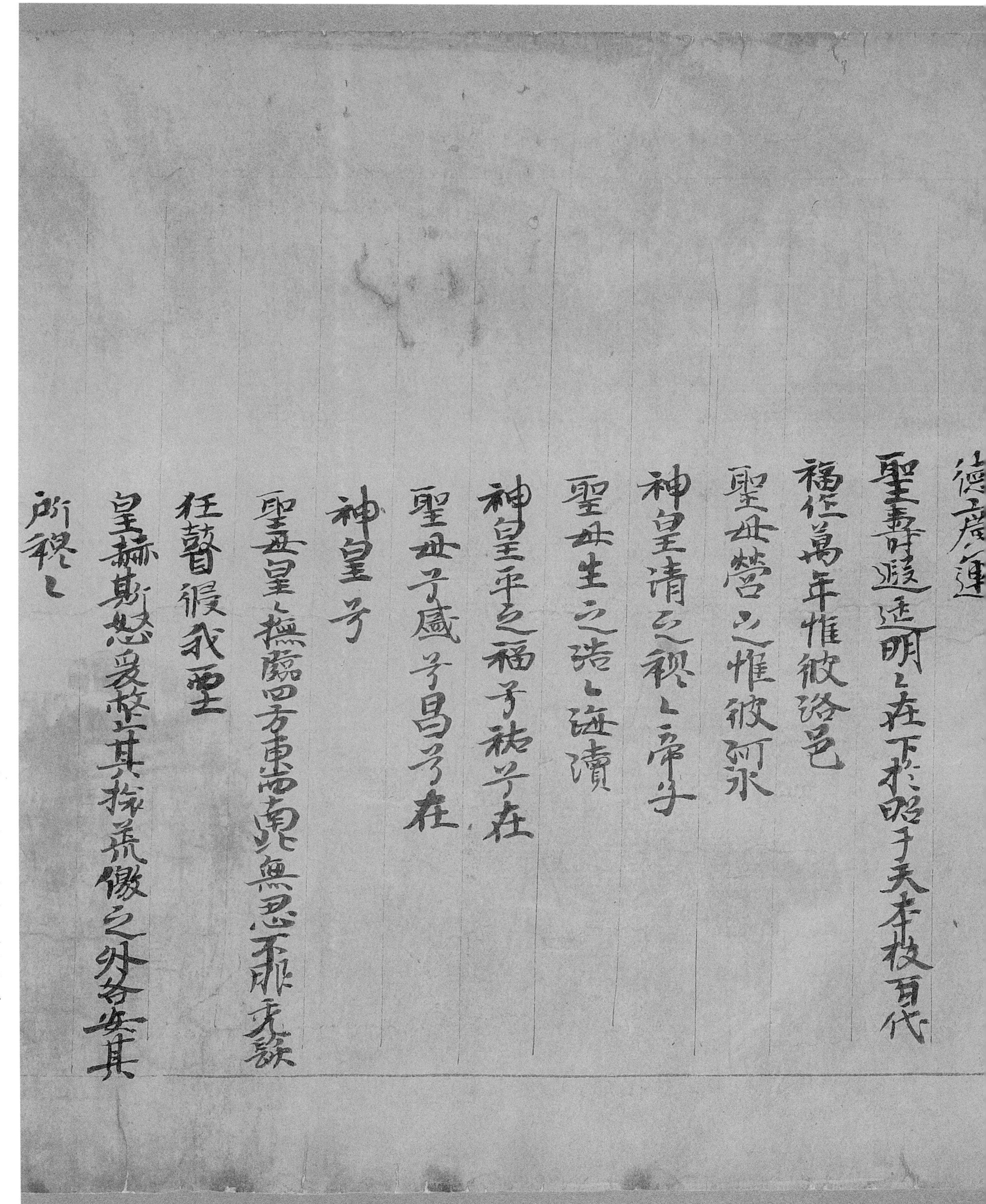

德慶運
聖壽遐延明明在下於昭于天本枝百代
福作萬年惟彼洛邑
聖母營之惟彼河水
神皇清之祇祇帝子
聖母生之浩浩海瀆
神皇平之福兮祐兮在
聖母兮感兮昌兮在
神皇兮
聖母皇皇撫臨四方東西南北無思不服孰
任替假我聖
皇赫斯怒爰整其旅荒徼之外各安其
所祇祇

P.2005 沙州都督府圖經卷三 （22—20）

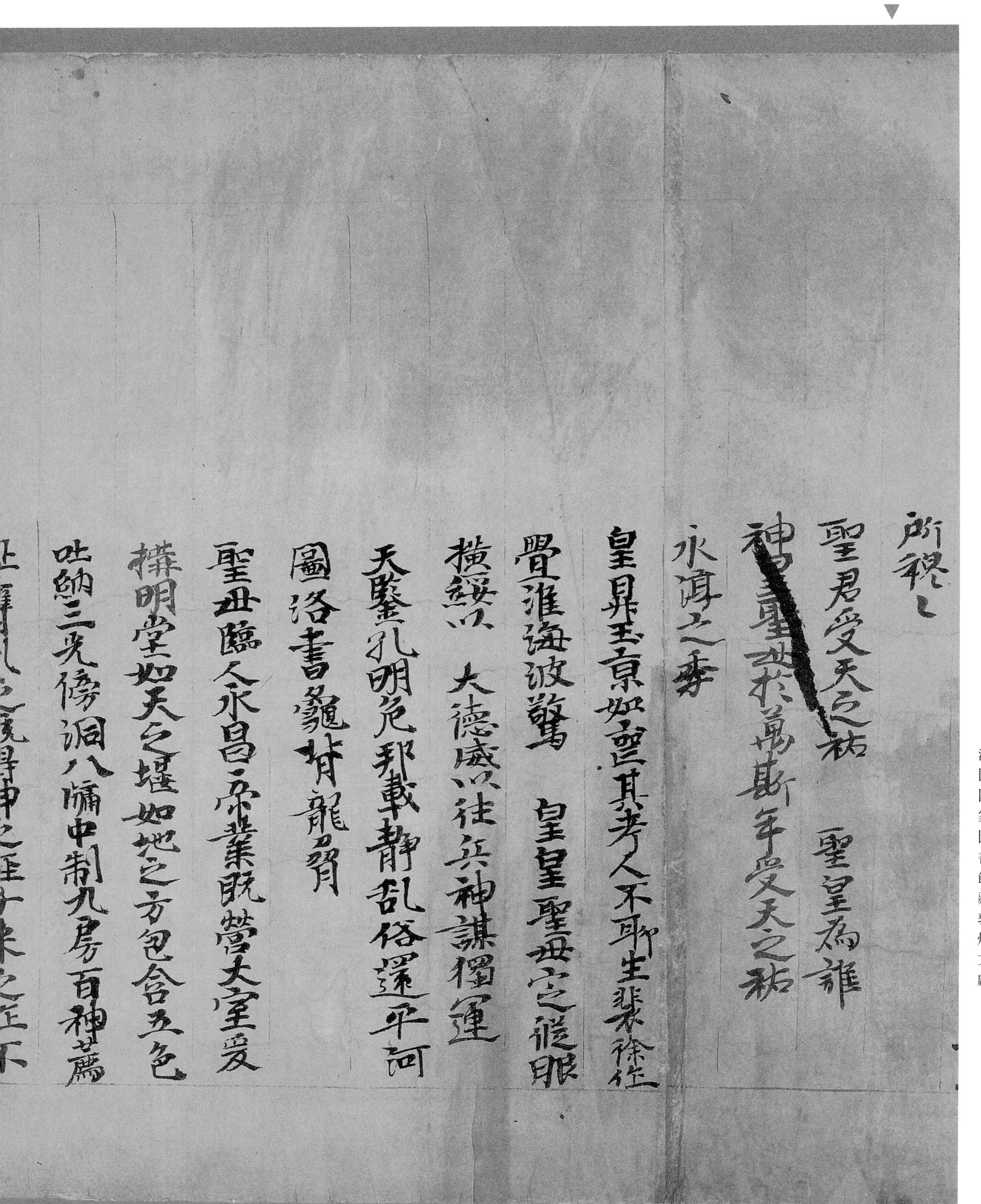
所祝之
聖君受天之祐　聖皇為誰
神童聖世於萬斯年受天之祐
永淳之年
皇昇玉京如在其考人不耶生裴徐位
疊淮海波驚　皇皇聖母之龍眼
撗綏以　大德咸以往兵神謀獨運
天鑒孔明危邦載靜乱俗還平河
圖洛書龜背龍胷
聖母臨人永昌帝業既營大室爰
搆明堂如天之堪如地之方包含五色
吐納三光傍洞八牖中制九房百神薦
[illegible]

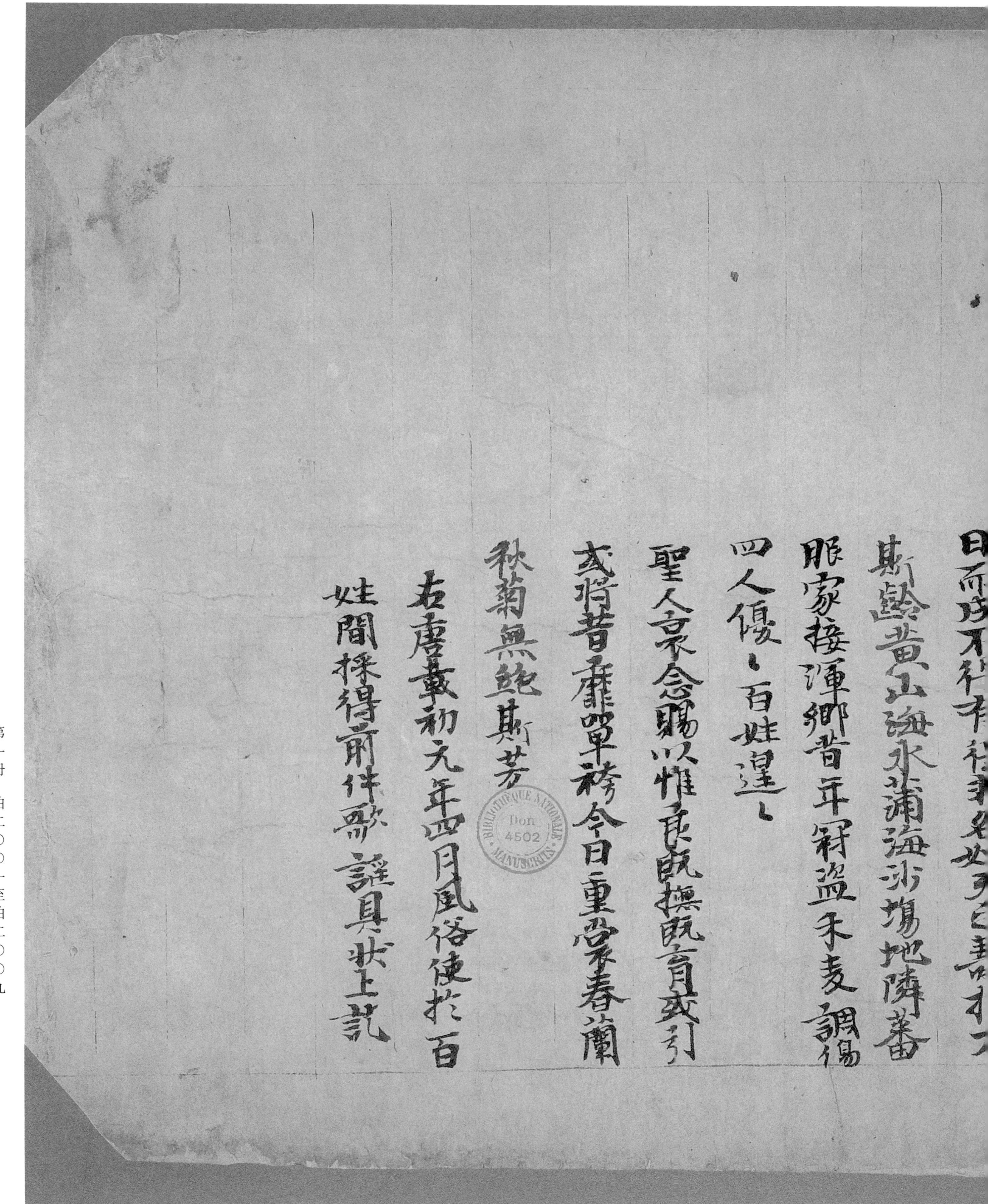
日而改不待有[illegible]
斯鹺昔山海水蒲海沙場地隣蕃
服家接渾鄉昔年寇盜禾麥調傷
四人優〻百姓遑〻
聖人哀念賜以惟良既撫既育或引
或將昔靡單褲今日重裳春蘭
秋菊無絕斯芳
右唐載初元年四月風俗使於百
姓間採得前件歌謠具狀上訖

第一冊　伯二〇〇一至伯二〇〇九

P.2005　　沙州都督府圖經卷三　　（22—21）

秋菊無絶斯芳
右唐載初元年四月風俗使於百
姓間採得前件歌謡具狀上訖

P.2005　沙州都督府圖經卷三　（22—22）

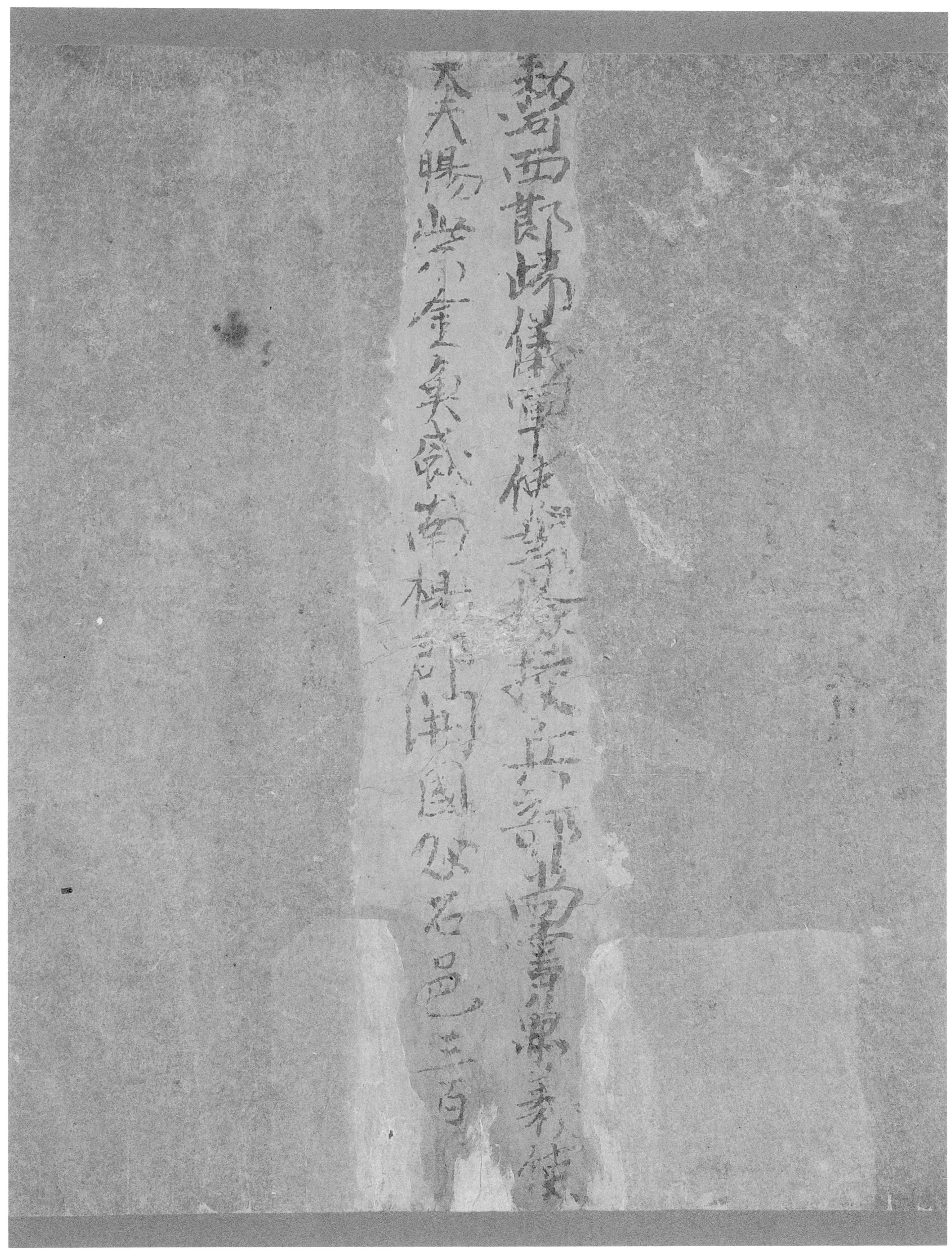

P.2005v　　1. 歸義軍使稱號雜寫　　（2—1）

第一册　伯二〇〇一至伯二〇〇九

P.2005v　2. 借瑞應圖條記　（2—2）

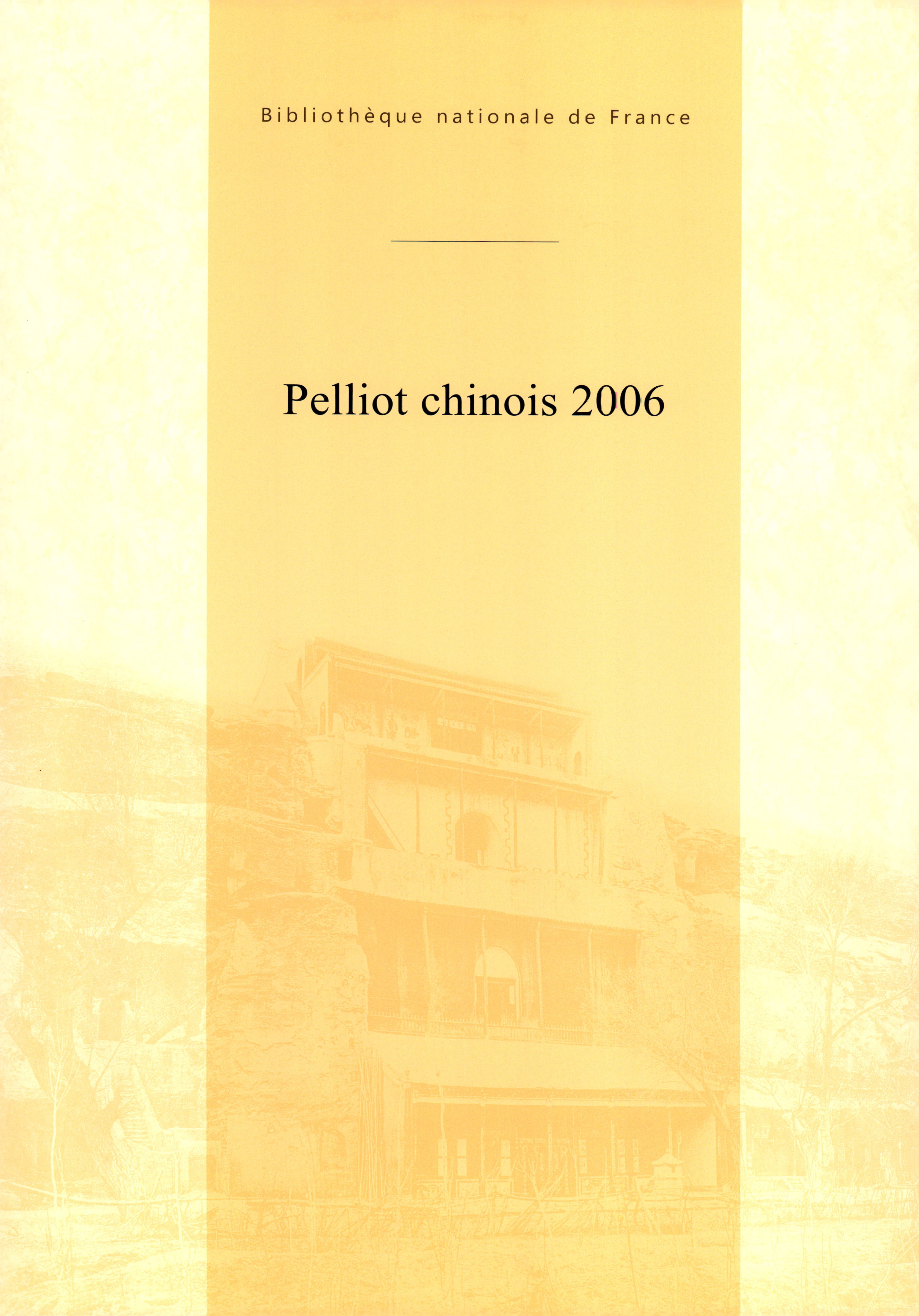
Bibliothèque nationale de France
Pelliot chinois 2006

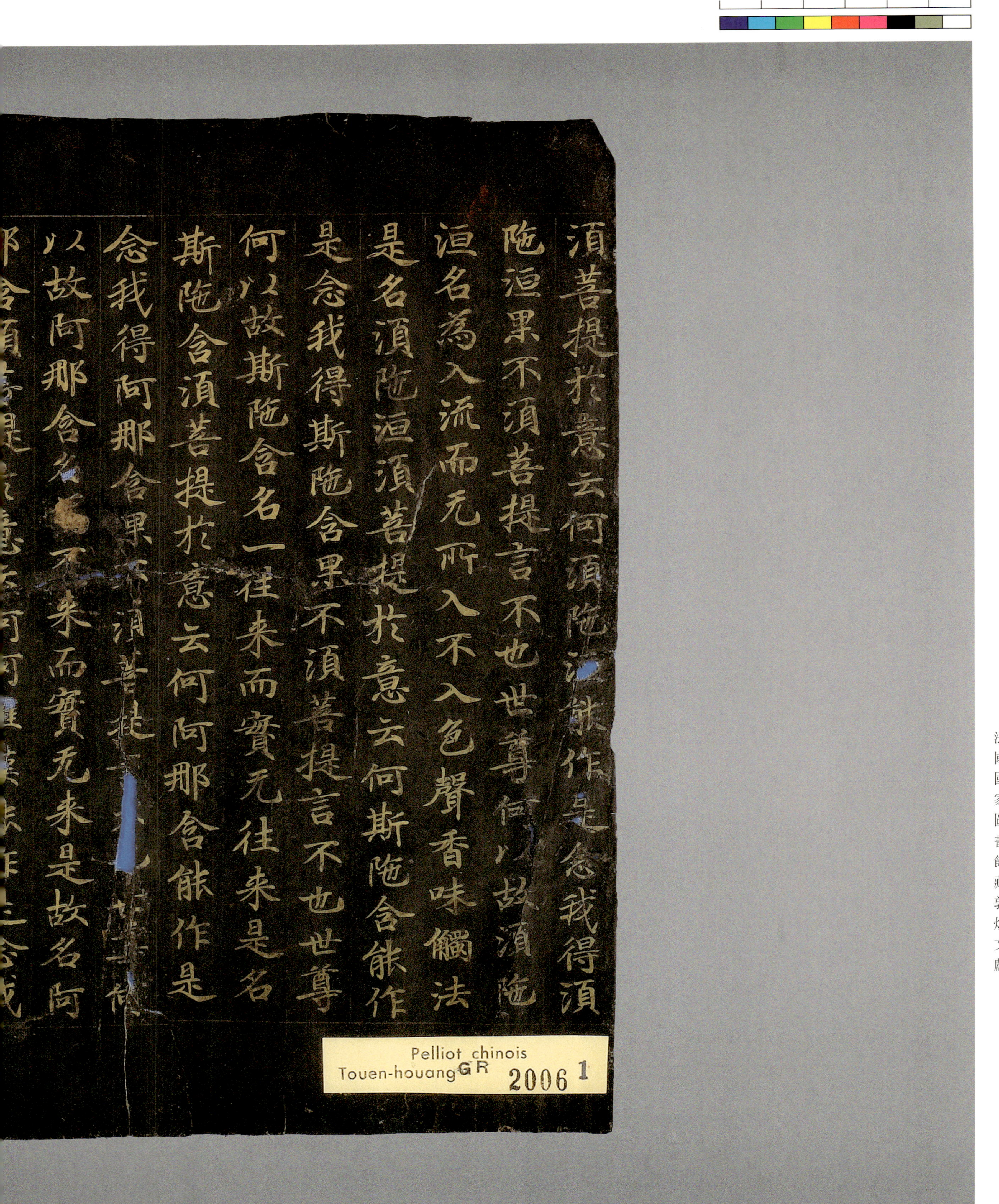
須菩提於意云何須陁洹能作是念我得須
陁洹果不須菩提言不也世尊何以故須陁
洹名爲入流而无所入不入色聲香味觸法
是名須陁洹須菩提於意云何斯陁含能作
是念我得斯陁含果不須菩提言不也世尊
何以故斯陁含名一往来而實无往来是名
斯陁含須菩提於意云何阿那含能作是
念我得阿那含果不須菩提言不也世尊
以故阿那含名為不来而實无来是故名阿
那含須菩提於意云何阿羅漢能作是念我

得阿羅漢道不須菩提言不也世尊何以故
實无有法名阿羅漢世尊若阿羅漢作是念
我得阿羅漢道即為著我人衆生壽者世尊
佛說我得无諍三昧人中最為第一是第一
離欲阿羅漢我不作是念我是離欲阿羅漢
世尊我若作是念我得阿羅漢道世尊則
不說須菩提是樂阿蘭那行者以須菩提
實无所行而名須菩提是樂阿蘭那行
佛告須菩提於意云何如来昔在然燈佛所
於法有所得不世尊如来在然燈佛所於
法實无所得須菩提於意云何菩薩莊嚴佛
土不不也世尊何以故莊嚴佛土者則非莊嚴
是名莊嚴是故須菩提諸菩薩摩訶薩應
如是生清淨心不應住色生心不應住聲香
味觸法生心應无所住而生其心須菩提譬

P.2006A　紺紙金字金剛般若波羅蜜經　（7—1）

味觸法生心應无所住而生其心須菩提譬
如有人身如須弥山王於意云何是身爲大
不須菩提言甚大世尊何以故佛說非身是
名大身
須菩提如恒河中所有沙數如是沙等恒
於意云何是諸恒河沙寧爲多不須菩提言
甚多世尊但諸恒河尚多无數何况其沙須
菩提我今實言告汝若有善男子善女人以
七寶滿尒所恒河沙數三千大千世界以用
布施得福多不須菩提言甚多世尊佛告須
菩提若善男子善女人於此經中乃至受持
四句偈等爲他人說而此福德勝前福德復
次須菩提隨說是經乃至四句偈等當知此
處一切世間天人阿脩羅皆應供養如佛塔
廟何况有人盡能受持讀誦須菩提當知是

人成就最上第一希有之法若是經典所在
之處則爲有佛若尊重弟子
尒時須菩提白佛言世尊當何名此經我等
云何奉持佛告須菩提是經名爲金剛般若
波羅蜜以是名字汝當奉持所以者何須菩
提佛說般若波羅蜜則非般若波羅蜜須
菩提於意云何如来有所說法不須菩提白
佛言世尊如来无所說須菩提於意云何三
千大千世界所有微塵是爲多不須菩提言
甚多世尊須菩提諸微塵如来說非微塵是
名微塵如来說世界非世界是名世界須菩提
於意云何可以三十二相見如来不不也世尊
不可以卅二相得見如来何以故如来說卅二
相即是非相是名卅二相須菩提若有善男
子善女人以恒河沙等身布施若復有人

P.2006A　紺紙金字金剛般若波羅蜜經　（7—2）

子善女人以恒河沙等身布施若復有人
於此經中乃至受持四句偈等為他人説
其福甚多
尒時須菩提聞説是經深解義趣涕淚悲
泣而白佛言希有世尊佛説如是甚深經典
我從昔來所得慧眼未曾得聞如是之經世
尊若復有人得聞是經信心清淨則生實
相當知是人成就第一希有功德世尊是實
相者則是非相是故如来説名實相世尊我今
得聞如是經典信解受持不足為難若當來
世後五百歳其有衆生得聞是經信解受持
是人則為第一希有何以故此人无我相人相
衆生相壽者相所以者何我相即是非相人
相衆生相壽者相即是非相何以故離一切
諸相則名諸佛

法國國家圖書館藏敦煌文獻

不驚不怖不畏當知是人甚為希有何以
故須菩提如來說第一波羅蜜非第一波羅蜜
是名第一波羅蜜須菩提忍辱波羅蜜如來
說非忍辱波羅蜜何以故須菩提如我昔為
歌利王割截身體我於尒時无我相无人相
无衆生相无壽者相何以故我於往昔節節
支解時若有我相人相衆生相壽者相應生
瞋恨須菩提又念過去於五百世作忍辱仙
人於尒所世无我相无人相无衆生相无壽
者相是故須菩提菩薩應離一切相發阿耨
多羅三藐三菩提心不應住色生心不應住
聲香味觸法生心應生无所住心若心有住
則為非住是故佛說菩薩心不住色布施須
菩提菩薩為利益一切衆生應如是布施

P.2006A　紺紙金字金剛般若波羅蜜經　（7—3）

菩提菩薩爲利益一切衆生應如是布施
如來說一切諸相即是非相又說一切衆生
則非衆生須菩提如來是真語者實語者如
語者不誑語者不異語者須菩提如來所得
法此法无實无虛須菩提若菩薩心住於法
而行布施如人入闇則无所見若菩薩心不
住法而行布施如人有目日光明照見種種
色須菩提當來之世若有善男子善女人能
於此經受持讀誦則爲如來以佛智慧悉知
是人悉見是人皆得成就无量无邊功德
須菩提若有善男子善女人初日分以恒河
沙等身布施中日分復以恒河沙等身布
施後日分亦以恒河沙等身布施如是无量百
千万億劫以身布施若復有人聞此經典信
心不逆其福勝彼何況書寫受持讀誦爲

能誦須菩提以要言之是經有不可思議不
可稱量无邊功德如來為發大乘者說為發
冣上乘者說若有人能受持讀誦廣為人說
如來悉知是人悉見是人皆得成就不可量
不可稱无有邊不可思議功德如是人等則
為荷擔如來阿耨多羅三藐三菩提何以故
須菩提若樂小法者著我見人見衆生見壽
者見則於此經不能聽受讀誦為人解說須
菩提在在處處若有此經一切世間天人阿
脩羅所應供養當知此處則為是塔皆應恭
敬作礼圍遶以諸華香而散其處
復次須菩提善男子善女人受持讀誦此經
若為人輕賤是人先世罪業應墮惡道以今
世人輕賤故先世罪業則為消滅當得阿耨
多羅三藐三菩提須菩提我念過去无量阿

P.2006A 紺紙金字金剛般若波羅蜜經 （7—4）

多羅三藐三菩提須菩提我念過去无量阿
僧祇劫於然燈佛前得值八百四千万億那
由他諸佛悉皆供養承事无空過者若復有
人於後末世能受持讀誦此經所得功德於我
所供養諸佛功德百分不及一千万億分乃
至筭數譬喻所不能及須菩提若善男子
善女人於後末世有受持讀誦此經所得功
德我若具說者或有人聞心則狂亂狐疑不
信須菩提當知是經義不可思議果報亦不
可思議
尒時須菩提白佛言世尊善男子善女人發
阿耨多羅三藐三菩提心云何應住云何降
伏其心佛告須菩提善男子善女人發阿耨
多羅三藐三菩提者當生如是心我應滅度
一切衆生滅度一切衆生已而无有一

實滅度者何以故須菩提若菩薩有我相人
相衆生相壽者相則非菩薩所以者何須菩
提實无有法發阿耨多羅三藐三菩提者須
菩提於意云何如來於然燈佛所有法得阿
耨多羅三藐三菩提不不也世尊如我解佛
所說義佛於然燈佛所无有法得阿耨多羅三
藐三菩提佛言如是如是須菩提實无有法
如來得阿耨多羅三藐三菩提須菩提若有
法如來得阿耨多羅三藐三菩提者然燈佛
則不與我受記汝於來世當得作佛号釋迦牟
尼以實无有法得阿耨多羅三藐三菩提是故
然燈佛與我受記作是言汝於來世當得作
佛号釋迦牟尼何以故如來者即諸法如義
若有人言如來得阿耨多羅三藐三菩提須
菩提實无有法佛得阿耨多羅三藐三菩提
須菩提如來所得阿耨[illegible]

P.2006A　紺紙金字金剛般若波羅蜜經　（7—5）

菩提實无有法佛得阿耨多羅三藐三菩提
須菩提如來所得阿耨多羅三藐三菩提於
是中无實无虛是故如來說一切法皆是佛
法須菩提所言一切法者即非一切法是故名
一切法須菩提譬如人身長大須菩提言世尊
如來說人身長大則為非大身是名大身須
菩提菩薩亦如是若作是言我當滅度无量
衆生則不名菩薩何以故須菩提實无有法名
為菩薩是故佛說一切法无我无人无衆生
无壽者須菩提若菩薩作是言我當莊嚴佛
土是不名菩薩何以故如來說莊嚴佛土者
即非莊嚴是名莊嚴須菩提若菩薩通達
无我法者如來說名真是菩薩
須菩提於意云何如來有肉眼不如是世尊
如來有肉眼須菩提於意云何如來有天眼

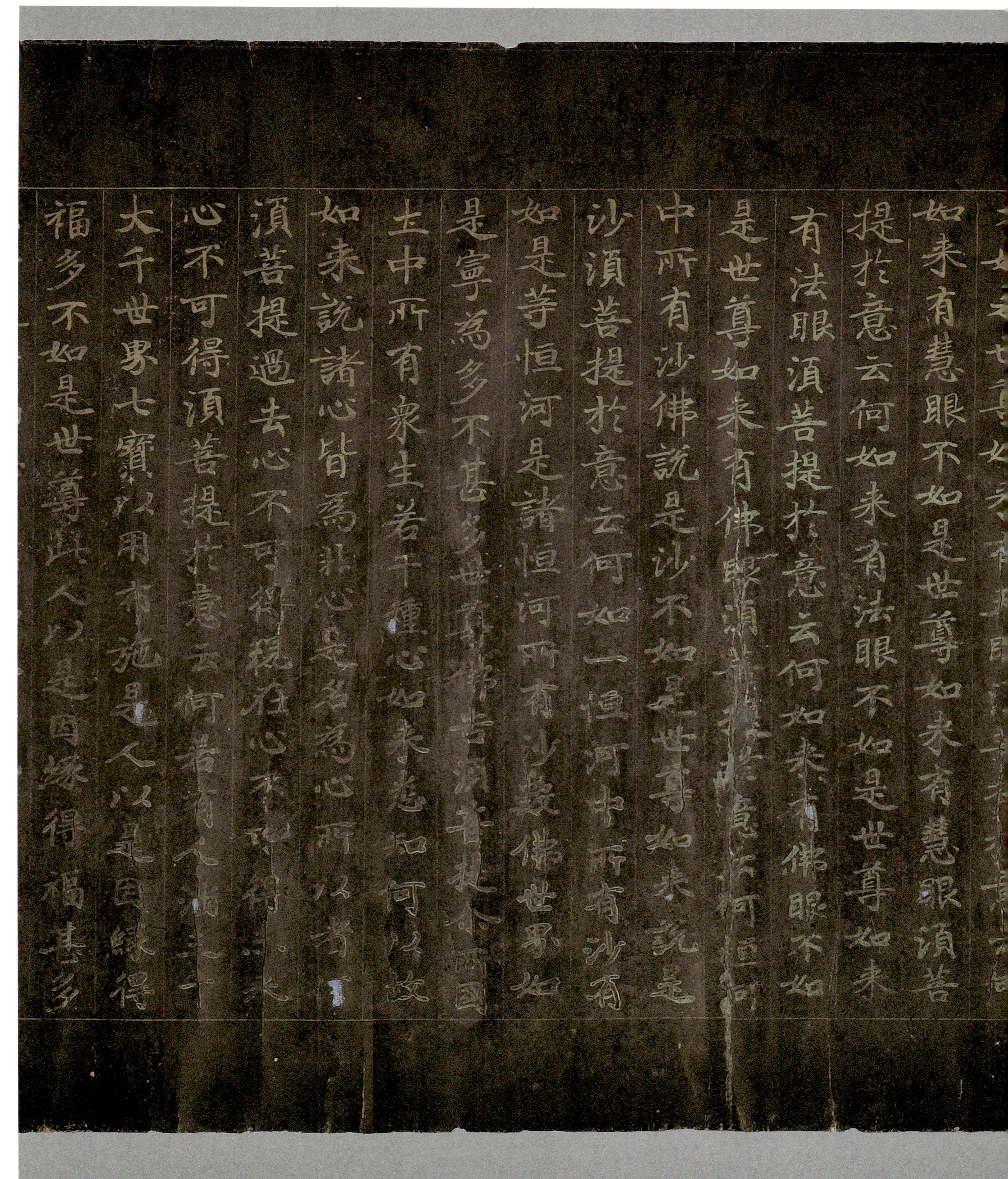

如來有慧眼不如是世尊如來有慧眼須菩
提於意云何如來有法眼不如是世尊如來
有法眼須菩提於意云何如來有佛眼不如
是世尊如來有佛眼須菩提於意云何恒河
中所有沙佛說是沙不如是世尊如來說是
沙須菩提於意云何如一恒河中所有沙有
如是等恒河是諸恒河所有沙數佛世界如
是寧為多不甚多世尊佛告須菩提尒所國
土中所有衆生若干種心如來悉知何以故
如來說諸心皆為非心是名為心所以者何
須菩提過去心不可得現在心不可得未來
心不可得須菩提於意云何若有人滿三千
大千世界七寶以用布施是人以是因緣得
福多不如是世尊此人以是因緣得福甚多

P.2006A　紺紙金字金剛般若波羅蜜經　（7—6）

須菩提若福德有實如來不說得福德多以
福德无故如來說得福德多
須菩提於意云何佛可以具足色身見不不
也世尊如來不應以色身見何以故如來說
具足色身即非具足色身是名具足色身須
菩提於意云何如來可以具足諸相見不不
也世尊如來不應以具足諸相見何以故如
來說諸相具足即非具足是名諸相具足須
菩提汝勿謂如來作是念我當有所說法莫
作是念何以故若人言如來有所說法即為
謗佛不能解我所說故須菩提說法者无法
可說是名說法須菩提白佛言世尊佛得阿
耨多羅三藐三菩提為无所得耶如是如是
須菩提我於阿耨多羅三藐三菩提乃至无
有少法可得是名阿耨多羅三藐三菩提復

P.2006A　紺紙金字金剛般若波羅蜜經　（7—7）

法國國家圖書館藏敦煌文獻

P.2006B　　紺紙金字金剛般若波羅蜜經

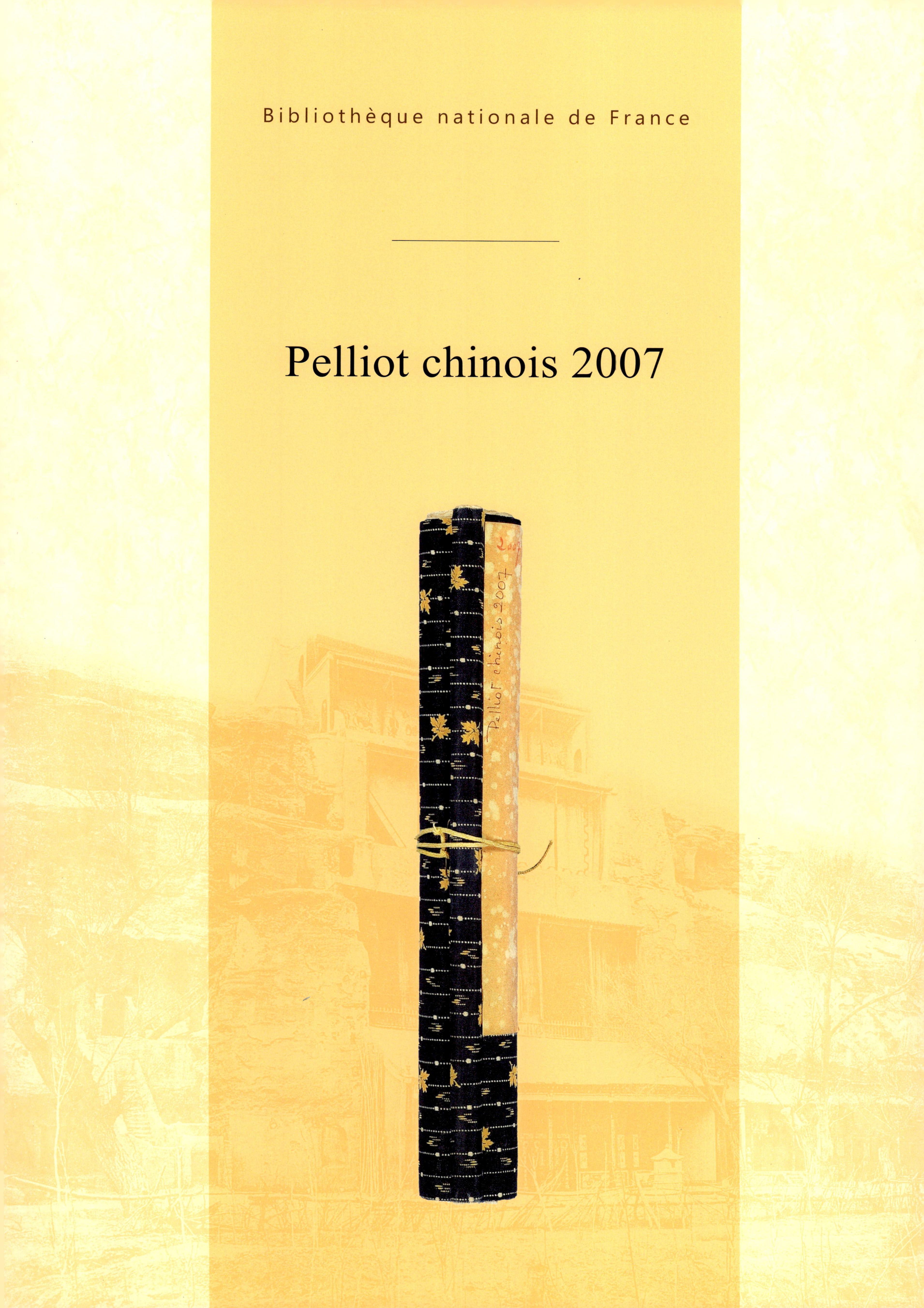
Bibliothèque nationale de France
Pelliot chinois 2007
Pelliot chinois 2007

P.2007 現代裝裱包首

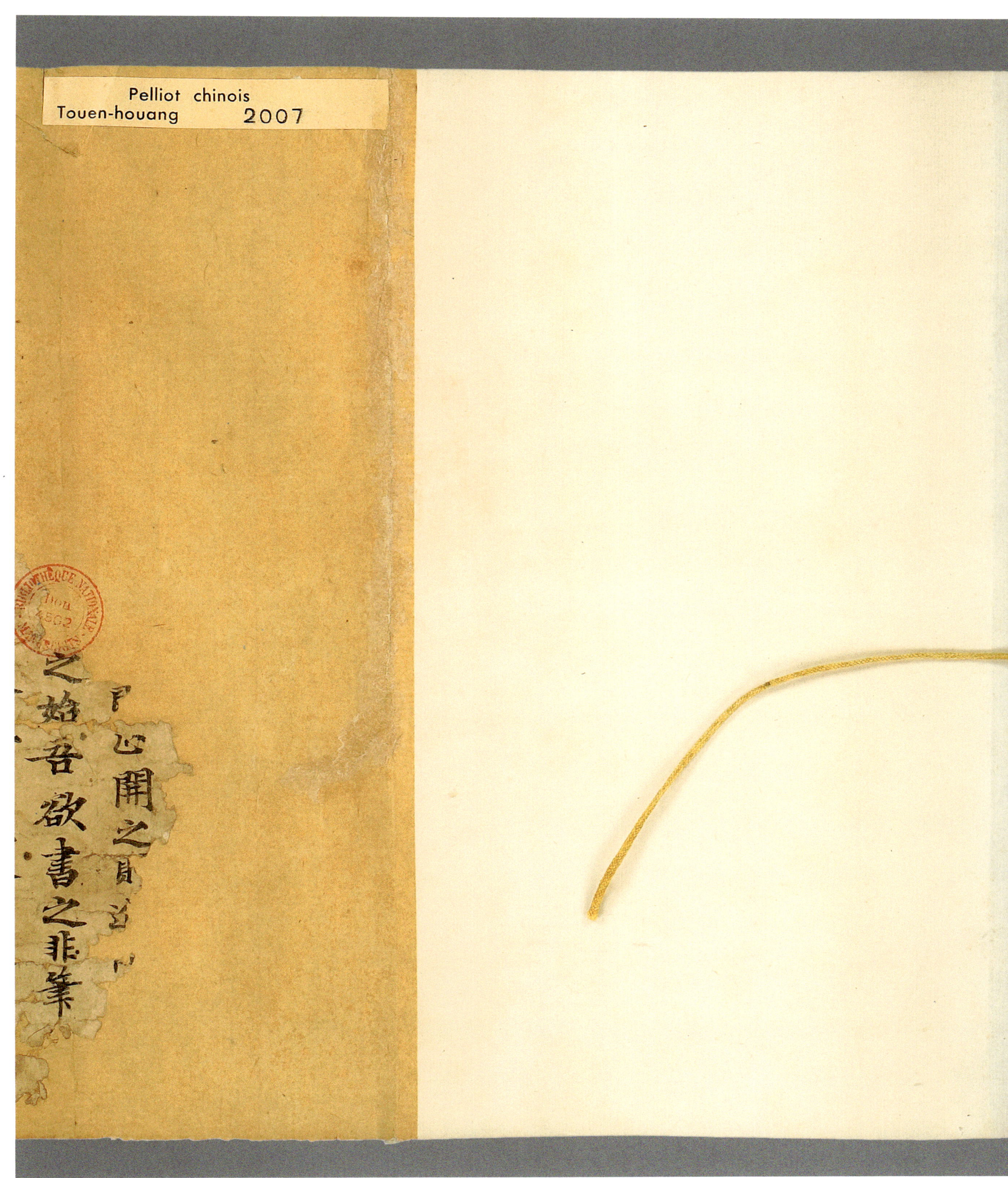

P.2007　老子化胡經卷一并序　（7—1）

之始吾欲書之非筆
名體之无形可擬飄乎无外或沉或
曰蒙翳餘以如響紀消若雲除
補魚比之於道不足稱无深慜
爲周柱史經九百年金身
齒銀額有叁午龍顏犀文耳高
於頂日角月玄阜有雙柱天中平填足蹈二五
手把十文无極之際言歸崑崙化彼胡域
劉賓後及天笁於是遂遷文垂後世永平弗
詆

老子西昇化胡經序說第一

是時太上老君以殷王湯甲庚申之歲建
之月從常道境駕三氣雲乘于日精垂
九曜入于玄女玄妙口中寄胎爲人庚

二月十五日誕生于亳九龍吐水灌洗□九
化爲九井尒時老君鬚髮皓白登即能行步
生蓮花乃至于九左手指天右手指地而告
人曰天上天下唯我獨尊我當開揚无上
道法普度一切動植衆生周遍十方及幽牢
地獄應度未度咸悉度之隱顯人間爲國
師範位登太極无上神仙時有自然天衣桂
體神香滿室陽景重輝九日中身長九尺
衆咸驚議以爲聖人生有老容故号爲老子天
神空裏讚十号名所言十者太上老君圓神智
无上尊帝王師大丈夫大仙尊天人父无爲
上人大悲仁者无始天尊此後老君凝神混
迹教化天人兼説治身中外法百有餘載王
道将衰殷賊賢良枉害无數忠臣切諫及被

第一册　伯二〇〇一至伯二〇〇九

P.2007　老子化胡經卷一并序　（7—2）

上人大悲仁者无始天尊此後老君凝神混
迹教化天人兼說治身中外法百有餘載王
道將衰秋賢良枉害无數忠臣切諫及被
誅夷天降洪灾曾无覺悟如是數載爲周所
滅康王之時歲在甲子亦同俗官晦迹藏名
爲柱下史師輔王者至于照王其歲癸丑便
即西邁過函谷關授喜道德五千章句并說妙
真西昇等經乃至太清上法三洞真文靈寶
符圖太玄等法使其教授至精仁者羽化神
仙令无斷絕便即西度經歷流沙至于闐
國毗摩城所尒時老君舉如來節招諸從人
俟忽之間有赤松子中黃丈人无始天王太一
元君六丁玉女八卦神君及龍虎君功曹使
者金乘童子惠光童子天官地官水官

官日官月官山官河官陰官陽官木官火官
金官土官五岳四續諸神等君天丁力士遊
邏將軍飛天神王仙人玉女十万餘衆乘雲駕
龍浮空而至於是老君處于玉帳坐七寶座
燒百和香散衆名花奏天鈞樂諸天賢聖
周帀圍遶復以神力召諸胡王无問遠近人士
咸集于闐國王乃至朱俱半王渴般陁王讓
蜜多王大月氏王骨咄陁王俱蜜王觧蘇國
王拔汗那王久越得犍王悒怛國王烏拉喝
王失范延王讓時健王多勒建王罽賓國王
訶達羅支王波斯國王踈勒國王碎葉國
王龜茲國王拂林國王大食國王殖臟國王
數漫國王恒没國王俱藥國王嵯骨國王曇陵
國王高昌國王焉耆國王弓月國王石國王

P.2007　老子化胡經卷一并序　（7—3）

國王高昌國王焉耆國王弓月國王石國王
瑟匿國王康國王史國王米國王似没盤國
王曹國王何國王大小安國王穆國王烏那
葛國王尋勿國王火尋國王西女國王大秦
國王舍衛國王波羅柰國王帝那忽國王
伽摩路王乾陁羅王烏長國王迦葉弥羅國
王迦羅王不路羅王涅婆羅王熱吒國王師子
國王拘尸那揭羅王毗舍離王劫毗陁王室
羅代王瞻波羅國王三摩咀吒王烏荼國王
蘇剌吒國王信度國王烏剌尸王匱利國王
猗頭國王色伽栗王濕吐嘐王涅拔國王越
底延王奢弥國王小人國王軒渠國王陁羅
伊羅王狼揭羅王五天竺國王如是等八十
餘國王及其妃后并其眷屬周帀圍遶皆

聞法爾時老君告諸國王汝等心毒好行煞
害唯食血肉斷衆生命我今爲汝説戒又經
令汝斷肉專食麦麨勿爲屠煞不能斷者以
自死肉胡人佷戾不識親踈唯好貪婬一无
恩義鬚髮拳翦跣洗至難性既羶腥體多垢
穢使其脩道煩惱行人是故普令剔除鬚髮
隨汝本俗而衣氈裘教汝小道令漸脩學兼
持禁戒稍習慈悲每月十五日常須懺悔又
以神力爲化佛形騰空而來高丈六身體作
金色面恒東向示不忘本以我東來故顯斯
狀令其見者發慈善心汝等國王所有朝拜
一像吾面東向政事如是不久過葱嶺山中
有深池毒龍居之五百商旅宿於池濱爲龍
所害覓不遺一我遺其國渴救隨王傅視與

P.2007　老子化胡經卷一并序　（7—4）

有深池毒龍居止五百商旅宿於池濱為龍
所害竟不遺一我遺其國渴救隨王傳祝與
之就池行法龍王恐怖乃變為人謝過向王
請移別住不復於此更損人民令後往來絕
其傷害次即南出至于烏場遍歷五天入摩
竭國我衣素服手執空壺置精舍中立浮屠
教号清淨佛令彼剎利婆羅門等而奉事之
以求无上正真之道歷年三八程王之時我還
中夏使入東海至于蓬萊方丈等洲到於扶
桑轉過大帝之所投集仙品稱位高下又
經八王二百餘載幽深演之時歲次辛酉三
川震蕩王者將亡數遭百六非人可制我更
西度教化諸國次入西海至于衆窟流麟等
州總召十方神仙大士及物得道地下主者

并桙椊任述前任人至孝至忠過經歷度
者如是等輩八万餘人挍量功德行業輕
重授其職位五等仙官廿七品仙真上聖岳瀆
三天咸悉補擬如是又經六十餘載桓王之時
歲次甲子一陰之月我令尹喜乘彼月精降
中天竺國入乎白淨夫人口中託廕而生号
為悉達捨太子位入山脩道成无上道号為
佛陁始述恚曇十二文字展轉離合三万餘
言廣説經誡求无上法又破九十六種邪道
歷年七十示人涅槃襄王之時其歲乙酉我
還中國教化天人乃授孔丘仁義等法尒後
王誕六十年間尒國從都王者无德我即
上登崑崙飛昇紫微布氣三界含養一切後
經四百五十餘年我乘自然光明道氣從真

P.2007　老子化胡經卷一并序　（7—5）

上登崑崙飛昇紫微布氣三界含養一切後
經四百五十餘年我乘自然光明道氣從真
寂境飛入西那玉界蘇鄰國中降誕王室示
爲太子捨家入道號末摩尼轉大法輪說經
試律定慧等法乃至三際及二宗門教化天人
令知本際上至明界下及幽塗所有衆生皆
由此度摩尼之後年垂五九金氣將興我法
當盛西方聖象衣彩自然來入中洲是効也
當此之時黄白氣合三教混齊同歸於我仁
祠精舍接棟連甍翻演後聖大明尊法中洲
道士廣說因緣爲世舟航大弘法事動植含
氣普皆救度是名總攝一切法門

老子化胡經卷第一

P.2007　老子化胡經卷一并序　（7—6）

P.2007　老子化胡經卷一并序　（7—7）

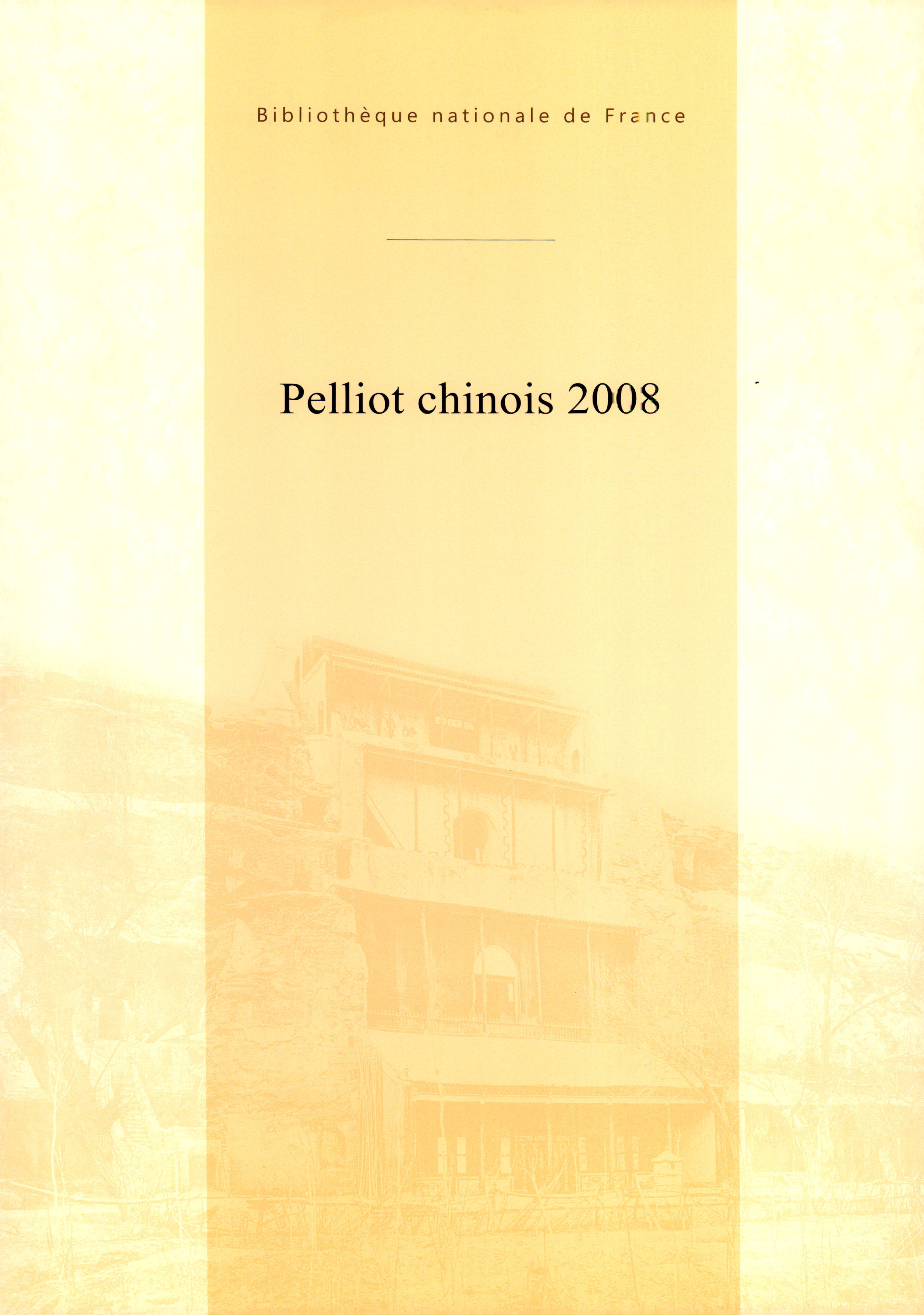

Bibliothèque nationale de France

Pelliot chinois 2008

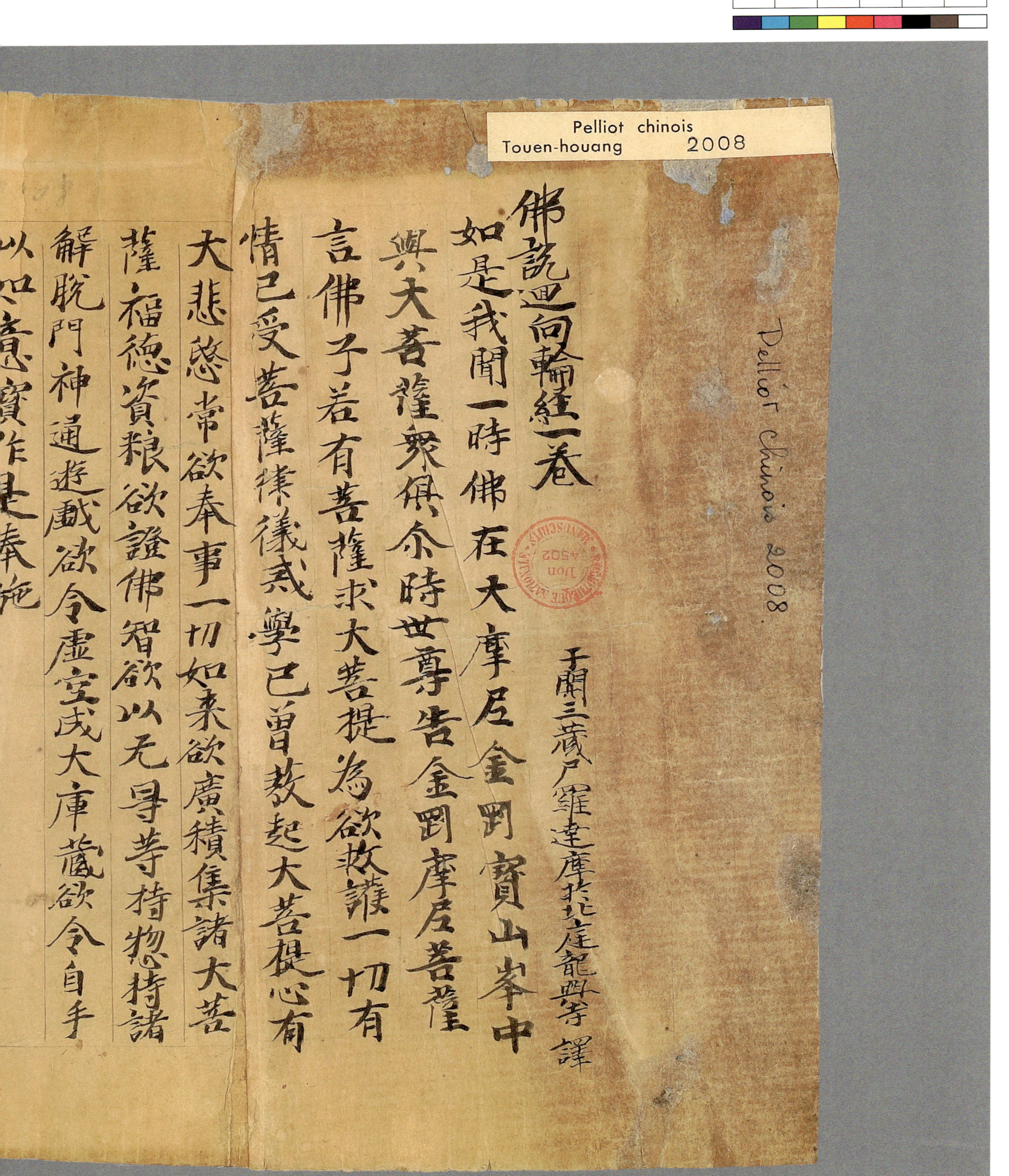

佛說迴向輪經一卷

于闐三藏尸羅達摩於北庭龍興寺譯

如是我聞一時佛在大摩尼金剛寶山峯中
與大菩薩眾俱尔時世尊告金剛摩尼菩薩
言佛子若有菩薩求大菩提為欲救護一切有
情已受菩薩律儀戒學已曾發起大菩提心有
大悲愍常欲奉事一切如來欲廣積集諸大菩
薩福德資粮欲證佛智欲以无导等持揔持諸
解脫門神通遊戲欲令虛空成大庫藏欲令自手
以如意寶作是奉施

惟願一切諸佛世尊已住十地諸大菩薩持
金剛者當憶念我弟子某甲已發菩提心未
安住正道今持身心於一切時以一切種奉
施三世諸佛菩薩願大自在諸佛 如來已證
大地一切菩薩當攝受我令我大福德智慧資
粮猛利精進廣大心量寂靜調伏神通自在
波羅蜜多速得圓滿
復作是言惟大悲者當憶念我弟子某甲墮
在生死繫以大縛閉居牢獄離正法道逼以
强力煩惱怨敵无護无救无目无依无將无
道導遊行僻路趣向生死背大涅槃順諸惡
趣將墮險路臨仆惡道導常遇惡友離善知識迷
於邪正有利无利有義无義遠離諸善成就
不善常背賢聖諸佛菩薩生老病死憂悲苦

P.2008 1. 佛說大迴向輪經 （5—1）

於邪正有利无利有義无義遠離諸善成就
不善常背賢聖諸佛菩薩生老病死憂惱所
逼不得安隱無怖無畏心常散乱闕修寂靜
調伏施戒及不放逸遠離等持揔持二門十
地法忍不能安住甚深般若波羅蜜多及平
等性不修无量慈悲喜捨不具菩薩三聚戒
蘊遠離无障无导大智不能安住於寂滅因
善成立法遠離神通力无所导不住正念不能
成就隨行趣入无忘失法遺諸功德見取疑
惑障於通達七等覺支闕修如此八聖道支无
量百千苦惱所逼而常熾然衆苦逼迫心常
下劣忿恨散乱常順煩惱惟願一切諸佛菩薩
依大悲慈為我救護為我歸依為我道師惟
願令我速得圓滿大正覺路大菩提道菩提資
粮又願令我速得圓滿如來十力四无所畏十八

不共諸如來法无导辯才等持能陀羅門功
德神通波羅蜜多又願與我一切成就一切功德
復次為轉廣大供養應作是言又願一切諸佛
世尊已得大世諸菩薩衆當憶念我弟子某甲
今於一切佛菩薩所轉大恭敬承事供養以
身奉獻所有十方諸世界中大庄嚴具所謂種
種寶宫諸寶庄嚴寶樹寶山寶座寶檀琢寶
寶行列寶蓋寶幢寶飾瓔珞珠羅網寶鐸寶
聚積寶光焰諸寶洲中大摩尼清淨燈 樹
寶鈴和鳴末尼光曜真金纓拂垂覆連接妙
金蓮華閻浮檀金以為其鬚金樹行列種種金宫
寶雲靉靆雨衆寶滴諸寶藏殿衆妙末尼間錯
墻壁寶珠欄楯大持明者可樂薗苑屋宅寶宫
殿堂樹林皆可愛樂以如是等无攝无受迴向
一切諸佛菩薩

P.2008 1. 佛説大迴向輪經 （5—2）

殿堂樹林皆可愛樂以如是等无攝无受迴向

一切諸佛菩薩

於贍部州所有妙藥長壽藥類諸末尼寶能

與有情所求衆樂自然成美殊勝飲食并諸

香樹種種異類旃檀妙樹阿伽盧樹沉水赤檀

大葉恒華能醉香等諸樹種類可樂妙香无

攝无受諸如意樹於大海中種種異類諸末尼

寶如意寶珠及須弥山雞羅娑山香山摩囉耶

山尸地〻吞耶大山曷陁羅山金剛山等諸大山中

種種寶峯寶臺寶石寶窟寶宮 寶飾寶床

衆寶階道諸摩尼柱諸寶燈輪諸瑠璃等末尼

種類所有天上主天宮天諸名華悅意樂見

天諸樂具微風吹動空宮行伍和鳴美聲天諸

末尼歌詠音樂不鼓自然出美妙聲天諸衆

鳥住寶宮中唯妙音聲并諸寶雲出大美聲天
諸末尼歌詠音樂并諸妙香華樹鬘樹塗燒
香樹燈樹幢樹寶樹此等一切无所攝受
奉施一切諸佛菩薩
所有一切佛眼所觀諸佛刹中大供養雲華雲
香雲鬘雲燒香雲塗香雲寶蓋雲寶幢雲寶
幡雲寶衣雲寶聚雲寶品雲大末尼聚雲
種種嚴妙大寶珠雲又以香油滿大燈器量等千
界然以燈炷量伯須弥奉施一切諸佛世尊諸大菩
薩由是供養所生勝福並將迴向无上菩提如過去
佛所修諸善以无所得而為方便迴向菩提我亦
如是持此功德迴向無上正等菩提勸請諸佛
惟願往赴菩提道場降伏魔怨證大菩提轉
大法輪欲滅度者為諸有情勸請願住壽一

P.2008　1. 佛説大迴向輪經　（5—3）

如是持此功德迴向無上正等菩提勸請諸佛
惟願住赴菩提道場降伏魔怨證大菩提轉
大法輪欲滅度者為諸有情勸請願住滿一
大劫隨喜一切諸佛菩薩一切有情所修諸福
發露懺悔一切諸罪猶如三世諸佛菩薩懺悔
罪障我亦如是願罪消滅奉施乃至懺悔已畢
即以淨心憶念一切諸佛菩薩對佛像前誦
此密言滿足八遍密言曰　唵娑頗囉　娑頗囉二合
發摩那娑去引囉摩訶若縛吽
誦密言已即便隨欲成就天妙大供養雲一切
佛所而得現前若善男子或善女人繫念於
佛或晝或夜轉誦如是大迴向輪此善男子
或善女人諸罪消滅一切煩惱漸得微薄能
獲如前所說功德若轉一遍得百梵福常
見佛命終之後得生淨土說是經已諸菩薩

衆菩薩奉行

佛説大迴向輪經一卷

嘆諸佛如來法身德頌別行本　无著菩薩造　出攝大乘論

憐愍諸有情　起和合遠離　常不捨利樂　四意樂歸礼

解脱一切障　牟尼勝世間　智周遍所知　心解脱歸礼

能滅諸有情　一切惑無餘　害煩惱有染　常哀愍歸礼

無功用無著　無礙常寂定　於一切問難　能解釋歸礼

於所依能依　所説言及智　能説無礙慧　常善説歸礼

為彼諸有情　故現知言行　往來及出離　善教者歸礼

諸衆生見尊　皆審知善士　暫見便深信　開導者歸礼

攝受住持捨　現化及變易　等持智自在　隨證得歸礼

方便歸依淨　及大乘出離　於此誑衆生　摧魔者歸礼

能説智及斷　出離能障礙　自他利非餘　外道伏歸礼

處衆能决説　遠離二雜染　無護無忘失　攝御衆歸礼

P.2008　1. 佛説大迴向輪經　2. 嘆諸佛如來法身德頌別行本　（5—4）

能說智及斷　出離能障礙　自他利非餘　外道伏歸礼

處衆能伏說　遠離二雜染　無護無忘失　攝御衆歸礼

遍一切行住　無非圓智事　一切時遍知　實義者歸礼

諸有情利樂　所作不過時　所作常无虛　无忘失歸礼

晝夜常六返　觀一切世間　與大悲相應　利樂意歸礼

由行及由證　由智及由業　於一切二乘　最勝者歸礼

由三身至得　具相大菩提　於一切處他疑　皆能斷歸礼

无怯无過失　无濁而不住　无動於諸法　无戲論歸礼

P.2008　　2. 嘆諸佛如來法身德頌別行本　　（5—5）

P.2008v　　雜寫

Bibliothèque nationale de France

Pelliot chinois 2009

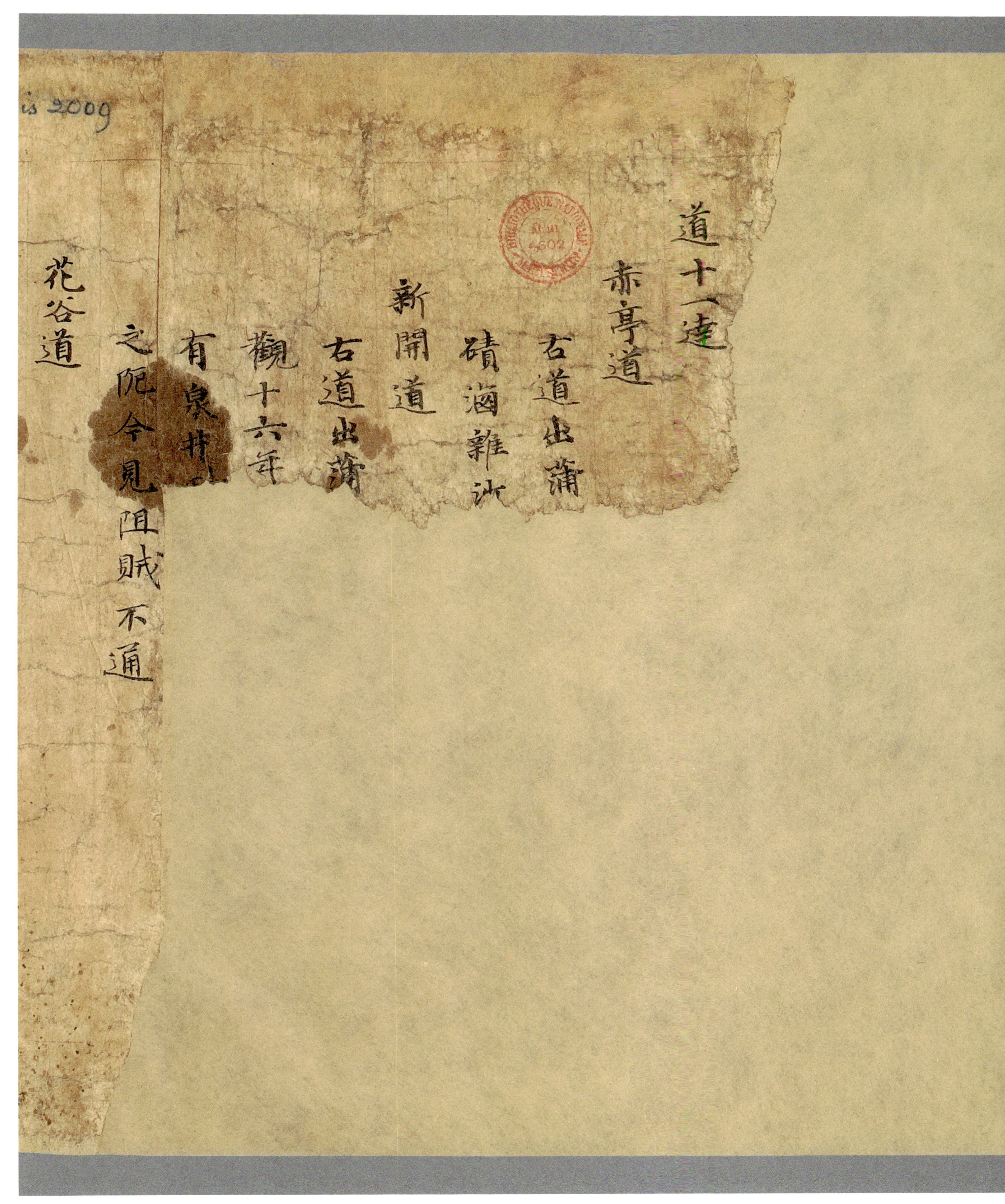

道十一達
赤亭道
右道出蒲
磧滷雜沙
新開道
右道出蒲
觀十六年
有泉井[illegible]
之阨今見阻賊不通
花谷道

P.2009　西州圖經　（3—1）

之阨今見阻賊不通

花谷道

右道出蒲昌縣界西合柳中向庭州七百卌里

豐水草通人馬

移摩道

右道出蒲昌縣界移摩谷西北合柳谷向庭

州七百卌里足水草通人馬車牛

薩捍道

右道出蒲昌縣界薩捍谷西北合柳谷向庭

州七百卌里足水草通人馬車牛

突波道

右道出蒲昌縣界突波谷西北合柳谷向庭州

七百卌里足水草通人馬車牛

大海道

右道出柳中縣界東南向沙州一千三百六十
里常流沙人行迷誤有泉井醎苦無草行
旅負水擔粮履踐沙石往來困弊
烏骨道
右道出高昌縣界北烏骨山向庭州四百里
足水草峻嶮石麁唯通人往馬行多損
他地道
右道出交河縣界至西北向柳谷通庭州四
百五十里足水草唯通人馬
白水澗道
右道出交河縣界西北向處月已西諸蕃
足水草通車馬
銀山道
右道出天山縣界西南向焉耆國七百里多

P.2009　西州圖經　（3—2）

銀山道

右道出天山縣界西南向焉耆國七百里多沙磧鹵唯近烽足水草通車馬行

山窟二院

丁谷窟有寺一所并有禪院一所

右在柳中縣界至北山廿五里丁谷中西去州廿里寺其依山 構揆巘疏階鴈塔飛空虹梁飲漢巖巒紛紀叢薄阡眠既切煙雲亦虧星月上則危峯迢遰下輕溜潺湲寔仙居之勝地諒栖靈之秘域見有名額僧徒居焉

寧戎窟寺一所

右在前庭縣界山北廿二里寧戎谷中峭巘三成臨危而結極曾巒四絕架迴而開軒既

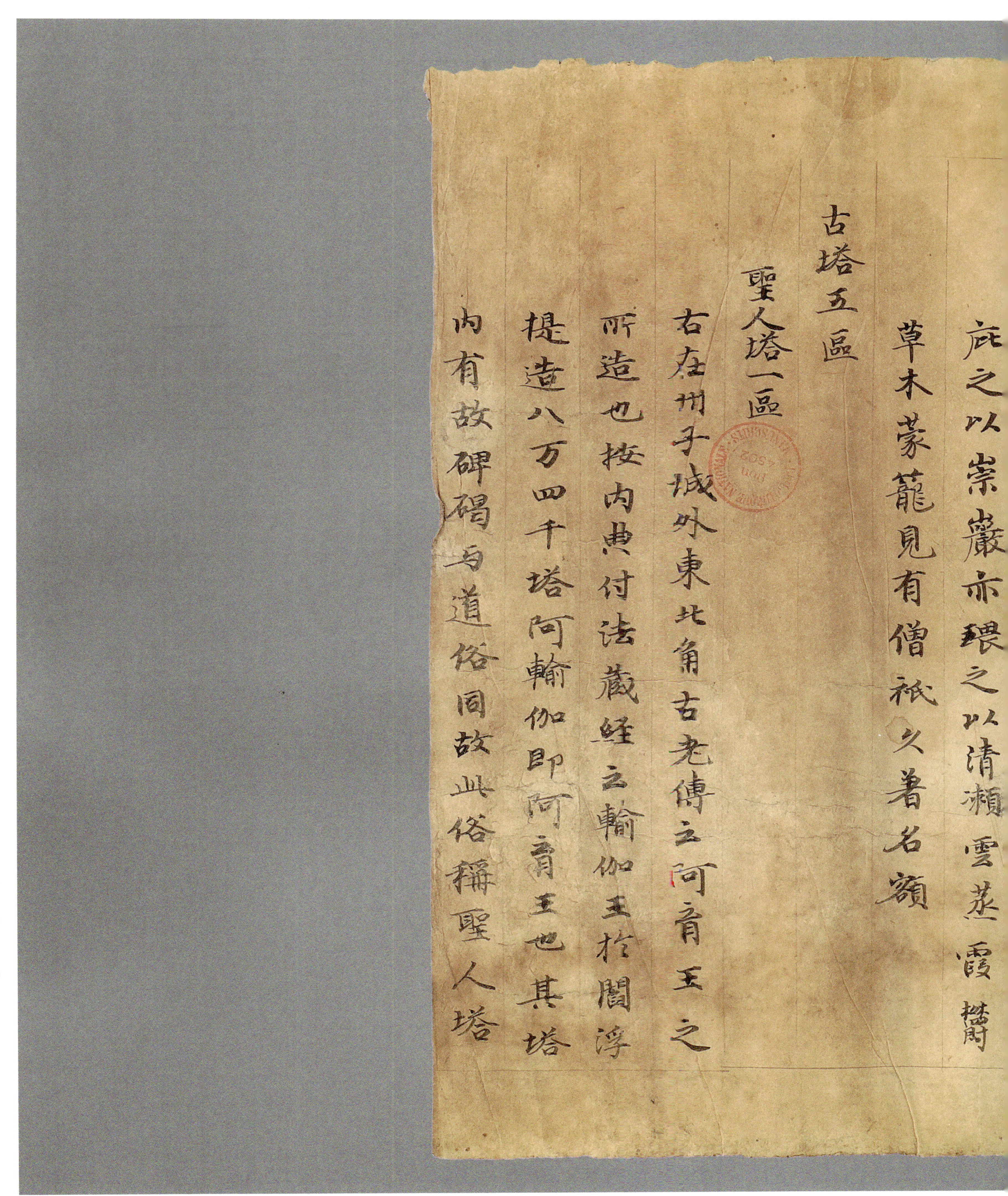

庇之以崇巖亦環之以清瀨雲蒸霞欝
草木蒙蘢見有僧祇久著名額
古塔五區
聖人塔一區
右在州子城外東北角古老傳云阿育王之
所造也按内典付法藏經云輸伽王於閻浮
提造八万四千塔阿輸伽即阿育王也其塔
内有故碑碣与道俗同故此俗稱聖人塔

P.2009 西州圖經 （3—3）

MANUSCRITS DE DUNHUANG CONSERVÉS À LA BIBLIOTHÈQUE NATIONALE DE FRANCE

VOLUME 1

Directeur par
RONG Xinjiang
Publiés par
Les Éditions des Classiques Chinois, Shanghai
(Bâtiment A 5F, No.1-5, Haojing Route 159, Minhang Régions, Shanghai, 201101, China)
Téléphone : 0086-21-64339287
Site Web : www.guji.com.cn
E-mail : guji1@guji.com.cn
www.ewen.co
Imprimé par
Imprimerie d'antiquités de Jintan, Changzhou

787×1092mm 1/8 35.5 feuilles in-plano 4 encart
Premiére édition : Juillet 2023 Premiére impression : Juillet 2023
ISBN 978-7-5732-0400-4/K.3232
Prix : ¥3800.00

DUNHUANG MANUSCRIPTS IN THE BIBLIOTHÈQUE NATIONALE DE FRANCE

VOLUME 1

Editor in Chief
RONG Xinjiang
Publisher
Shanghai Chinese Classics Publishing House
(Block A 5F, No.1-5, Haojing Road 159, Minhang District, Shanghai, 201101, China)
Tel : 0086-21-64339287
Website : www.guji.com.cn
Email : guji1@guji.com.cn
www.ewen.co
Printer
Changzhou Jintan Ancient Books Printing Ltd.

8 mo 787×1092mm 35.5 printed sheets 4 insets
First Editon : July 2023 First Printing : July 2023
ISBN 978-7-5732-0400-4/K.3232
Price : ¥3800.00

圖書在版編目（CIP）數據

法國國家圖書館藏敦煌文獻 . 1 / 榮新江主編 .
－上海 ：上海古籍出版社，2023.7
ISBN 978-7-5732-0400-4
Ⅰ . ①法 ... Ⅱ . ①榮 ... ①敦煌學－文獻 Ⅳ . ① K870.6

中國版本圖書館 CIP 數據核字（2022）第 150957 號

法國國家圖書館藏敦煌文獻 第一册
主 编
榮新江
出 版 發 行
上海古籍出版社
上海市閔行區號景路 159 弄 1-5 號 A 座 5F
郵編 201101 傳真（86－21）64339287
網址：www.guji.com.cn
電子郵件：guji1@guji.com.cn
易文網：www.ewen.co
印 刷
常州市金壇古籍印刷廠有限公司
開本：787×1092 1/8 印張：35.5 插頁：4
版次：2023 年 7 月第 1 版 印次：2023 年 7 月第 1 次印刷
ISBN 978-7-5732-0400-4/K.3232
定價：3800.00 元